CURSO DE ESPAÑOL PARA EXTRANJEROS

nuevo

avanzado

CUADERNO DE EJERCICIOS

Proyecto didáctico
Equipo de ELE de Ediciones SM

Autor
Virgilio Borobio

Diseño de cubierta
Esteban García y Alfonso Ruano

Maqueta
Ana Montes de San Laureano

Fotografías
Geoff Manasse; AGE FOTOSTOCK; CORDON PRESS; David Chasey; DIGITALVISION;
Danny Lehman, Robert Holmes / CORBIS; F. Bouillot, Hidalgo - Lopesino / MARCO POLO;
GEOSTOCK; J. M. Ruiz; Javier Calbet; Luis Agromayor; Luis Davilla,
Quim Llenas / COVER; ONCE; Ryan McVay; Steve Cole; ORONOZ; Mel Curtis;
IMAGE SOURCE; PHOTODISC; Archivo SM

Ilustración
Bartolomé Seguí

Coordinación técnica
Araceli Calzado

Coordinación editorial
Susana Gómez
Carmen Llanos

Dirección editorial
Concepción Maldonado

Comercializa
Para España:
CESMA, SA
Impresores, 15 - Urbanización Prado del Espino
28660 Boadilla del Monte (MADRID)

Para el extranjero:
EDICIONES SM
Impresores,15 - Urbanización Prado del Espino
28660 Boadilla del Monte (MADRID)
E-mail: internacional@grupo-sm.com

© Virgilio Borobio Carrera - Ediciones SM, Madrid
ISBN: 84-348-9571-4
Depósito legal: M-25.258-2003
Huertas Industrias Gráficas, S.A. - Antonio Gaudí, 21 - Fuenlabrada (Madrid)

ÍNDICE

Vocabulario: rompecabezas

1 a) Escribe las palabras correspondientes siguiendo el sentido de la flecha. La última letra de cada palabra es la primera de la siguiente.

1. Sustantivo derivado de *tranquilizar*.
2. El sustantivo es *exceso*; el adjetivo (masculino), ...
3. "Teresa es una persona muy obsesiva: se suele .... mucho con algunas cosas."
4. El verbo del que deriva la palabra *rendimiento*.
5. Se da como premio por haber hecho algo.
6. "La .... que más me gustaba cuando estaba en el colegio era la Historia."
7. Cuando prestas atención a algo o a alguien, estás .... (femenino).
8. Con un amigo se tiene una relación de ....
9. "Mi compañero Ricardo se .... mucho en clase: pierde la atención muy a menudo y deja de pensar en lo que está haciendo."
10. El café y el té son sustancias ...., porque hacen que aumente nuestra actividad.
11. Lo contrario de *aprobados*.

b) Ahora escribe frases con palabras que conozcas y te parezcan difíciles de usar.

....
....
....
....
....
....

2 a) Completa este cuadro con las formas verbales correspondientes.

PRESENTE DE INDICATIVO	PRESENTE DE SUBJUNTIVO	IMPERATIVO (AFIRMATIVO)
intervienes	*intervengas*	*intervén*
consiguen (ustedes)		
hacemos		
aprovecha (usted)		
dices		
averiguáis		
van (ustedes)		
mantiene (usted)		
deducís		
recomendamos		
atraes		
aprueban (ustedes)		
rendís		
intuyes		

b) Piensa en otros verbos cuyas formas en esos tiempos y modos verbales te resulten difíciles, y escríbelas.

....
....
....
....

c) Por turnos, dile a un compañero una forma en presente de indicativo. Él tiene que decirte las formas correspondientes del presente de subjuntivo y del imperativo afirmativo.

3 a) Lee estas frases y complétalas con la forma verbal apropiada.

1 • ¡Que .... (disfrutar, tú) mucho en clase de español!
   ○ Gracias. Eso espero.

2 • ¿Quieres que .... (sacar, yo) las entradas?
   ○ No, no hace falta; ya las .... (sacar) yo.

3 • ¿A qué hora vas a llegar?
   ○ No lo sé con seguridad, pero espero .... (estar, yo) allí antes de las ocho.

4 • ¿Qué es exactamente lo que quieres comprar?
   ○ Una mesita que .... (ocupar, la mesita) poco espacio y que .... (ser, la mesita) bastante alta.

5 ¡Qué cariñoso es Carlitos! En cuanto me .... (ver, él), viene corriendo a saludarme.

6 ¡Mira que es charlatán! ¡Estuvo hablando desde que .... (llegar, él) hasta que .... (irse, él).

7 Pero ¡qué aventurera es esta niña! Dice que cuando .... (ser, ella) mayor, ... (ser, ella) astronauta.

8 • ¿Tú crees que se enfadará?
   ○ No, no creo que .... (enfadarse, ella); no tiene ningún motivo.

9 • ... y no sé qué hacer, estoy hecho un lío.
   ○ Yo, en tu lugar, ... (esperar, yo) a que pase el tiempo, por lo menos unos días.

10 • ¿Y por qué no se lo .... (preguntar, tú)?
   ○ Es que no me atrevo.

11 • Y, entonces, ¿a qué concierto vamos?
   ○ Al que .... (querer) tú. Ya sabes que confío en tu buen gusto.

12 Pues a mí me parece muy bien que .... (cenar, ellos) tan pronto. Así tienen más tiempo para hacer la digestión antes de acostarse.

13 La verdad es que me encanta que me .... (decir, tú) eso.

14 • ¿Y qué hizo luego?
   ○ Nada, me dijo que .... (estar, ella) muy cansada y .... (irse, ella).

15 • Tú conoces Montevideo muy bien, ¿verdad?
   ○ Sí, es que cuando .... (ser, yo) pequeño, ... (veranear, yo) todos los años allí.

b) Ahora escribe tú otras frases incompletas especificando el infinitivo y la persona gramatical. Luego, pásaselas a un compañero para que las complete.

....
....
....
....

4 ¿Qué consejos puedes darles a estos estudiantes de español? Escríbelos.

1

A mí se me olvidan muy fácilmente las formas verbales.
Tendría que hacer algo para recordarlas. (Richard, Inglaterra)

....

....

2

Yo noto que necesito más vocabulario, que debería aprender
más palabras por mi cuenta, pero no se me ocurre ninguna forma
interesante de hacerlo. (Ulla, Alemania)

....

....

3

Algunos días noto que cometo muchos errores y, entonces, no sé si
seguir hablando o no decir nada; a veces me dan ganas de callarme.
(Jean-Louis, Bélgica)

....

....

4

A mí me gusta mucho aprender con canciones, pero me resulta
muy difícil entender la letra cuando la escucho. (Saida, Marruecos)

....

....

5

A veces, cuando hablo con nativos entiendo muy poco o nada, pero
no quiero interrumpirles para no molestarles. Lo peor de todo es que
me quedo bastante frustrada. (Jamila, Líbano)

....

....

6

A mí me gustaría escribir bien en español, pero es más difícil de
lo que parece y no sé qué hacer para conseguirlo. (Roberto, Brasil)

....

....

5 a) Piensa en problemas que tenías con el español y en cómo los solucionaste. Piensa también en otros que sigues teniendo y en lo que vas a hacer para solucionarlos. Luego, toma nota de todo ello en tu cuaderno.

b) Ordena las ideas del apartado anterior, planifica cómo vas a organizar esa información en un texto y escríbelo.

c) Revísalo y comprueba si has expresado todo lo que querías expresar y si lo has hecho con claridad. Asegúrate de que no has cometido errores y pásalo a limpio si es necesario.

d) Dáselo a un compañero y lee el suyo. Comentad lo que os parezca más interesante de los dos textos y si corregiríais algo.

6 ¿Cómo es o era tu vida en época de exámenes? ¿Cambia o cambiaba mucho? ¿En qué? Escríbelo.

Pronunciación y entonación

 7 a) Haz una lista de palabras que te parezcan difíciles de pronunciar y practícalas en voz alta.

```
..........................................................................................
..........................................................................................
..........................................................................................
..........................................................................................
..........................................................................................
..........................................................................................
..........................................................................................
..........................................................................................
```

b) Construye una frase con cada una de ellas y grábate a ti mismo diciéndolas.

c) Ahora escucha la grabación. ¿Crees que debes mejorar tu pronunciación y tu forma de entonar en español? ¿Cómo vas a intentarlo?

---

8 AUTOEVALUACIÓN

1. Escribe algunas ideas interesantes o útiles que hayas descubierto en esta lección.

```
..........................................................................................
..........................................................................................
..........................................................................................
..........................................................................................
..........................................................................................
```

2. ¿Te ha parecido especialmente útil alguna actividad de esta lección? Explica por qué.

```
..........................................................................................
..........................................................................................
..........................................................................................
```

3. ¿En qué crees que debes mejorar? ¿Qué vas a hacer para conseguirlo?

```
..........................................................................................
..........................................................................................
..........................................................................................
```

LA ONCE

9 **a) Piensa en las respuestas a estas preguntas.**

- ¿Has visto alguna vez uno de estos quioscos en una calle española o en fotografía?
- ¿Qué se vende en él?
- ¿Sabes a qué se destinan los beneficios que genera ese quiosco?

b) Lee este texto basado en datos obtenidos de un documento oficial de la ONCE y comprueba.

LA ORGANIZACIÓN NACIONAL DE CIEGOS ESPAÑOLES

La Organización Nacional de Ciegos Españoles (ONCE) es una corporación pública española fundada en 1938 durante la guerra civil española. Su misión consiste en rehabilitar y educar a las personas ciegas e integrarlas plenamente en la sociedad. Les presta la ayuda necesaria para que puedan alcanzar la máxima autonomía personal y social, y les proporciona instrucción a todos los niveles, desde la etapa infantil hasta la universitaria o la formación profesional, apoyando cada paso del alumno con profesores y medios especializados.

Actualmente tiene más de 60 000 afiliados y cuenta con un sistema gratuito de protección social del cual se benefician también otros colectivos de discapacitados. Tiene un gran prestigio internacional, lo que le permite mantener relaciones de colaboración con las principales entidades "de y para ciegos" de los cinco continentes. Además, proporciona unos servicios específicos a invidentes y minusválidos latinoamericanos a través de la Fundación ONCE para América Latina (FOAL).

Una de sus peculiaridades la constituye su financiación, que se realiza principalmente mediante la venta del popular cupón de la ONCE, una lotería que le fue concedida por el Estado español para que pudiera costear sus gastos. Dicho cupón lo venden más de 23 000 personas ciegas y con otras discapacidades, siendo el mayor generador de empleo para los invidentes españoles. De los ingresos obtenidos por cada cupón, la mitad se destina a premios; un 25 % a gastos de explotación y el resto, a servicios sociales para las personas ciegas y a la solidaridad con otros discapacitados.

Latina

10 Señala si estas informaciones son verdaderas o falsas.

	V	F
La creación de la ONCE es muy reciente, tuvo lugar hace muy pocos años.		
Los servicios que ofrece van destinados exclusivamente a los ciegos.		
Esos servicios son de pago.		
Una parte de sus proyectos se realiza en América Latina.		
Gestiona una lotería cuyos beneficios utiliza para financiar sus proyectos.		
Todos los invidentes españoles venden el cupón de la ONCE.		

11 ¿Conoces alguna otra organización que te recuerde a la ONCE? ¿Cuál es su misión? ¿Qué tipo de trabajo realiza? ¿Cómo se financia? Escríbelo en el recuadro.

Vocabulario

 1 a) Busca el intruso y justifícalo.

1. madrastra	cuñado	padrastro	natalidad	suegra
2. adoptado	sauna	gimnasio	solárium	piscina
3. microondas	batidora	cualquiera	calentador	aspiradora
4. aumento	evolución	incremento	desarrollo	creciente

	INTRUSO	¿POR QUÉ?
1.		
2.		
3.		
4.		

b) Ahora prepara otro ejercicio de "busca el intruso" con las palabras que quieras y pásaselo a un compañero para que lo resuelva.

1. ....

2. ....

3. ....

4. ....

2 a) Busca el error que hay en algunas de estas frases y corrígelo.

1. Lo más probable es que el año que viene continúe estudiando español con el profesor que tengo ahora.
2. Igual escribo alguna carta en español esta semana.
3. Supongo que el mes que viene hable mucho español fuera de clase.
4. Tal vez empiece a leer una novela en español la próxima semana.
5. Estoy segura de que este año apruebe todos los exámenes de español a los que me presente.
6. No es fácil que el próximo fin de semana estudiaré mucho.
7. Puede que este mes veo alguna película española.
8. Posiblemente la semana que viene leeré bastante prensa de América Latina.
9. A lo mejor hable español mucho mejor cuando termine este curso.
10. Seguro que dentro de unos años vivo en un país donde se habla español.

b) ¿Con cuáles de esas hipótesis no te identificas? Sustitúyelas por otras que expresen lo que piensas.

○ ....

○ ....

○ ....

¿Antes del año 2100?

3 ¿Crees que estos hechos se habrán producido antes del año 2100?
Fíjate en el ejemplo y luego escribe una hipótesis sobre cada uno de ellos; trata de introducirlas
con diferentes palabras (*quizá, posiblemente...*).

El descubrimiento de una fuente de energía limpia
y barata.

*Estoy seguro de que no se habrá descubierto
una fuente de energía limpia y barata antes
del año 2100.*

*Es probable que se haya descubierto una
fuente de energía limpia y barata antes
del año 2100.*

1. La desaparición del analfabetismo.

   ....

2. El cambio de hábitos alimentarios.

   ....

3. La construcción de ciudades bajo el mar.

   ....

4. La desaparición de muchas especies animales.

   ....

5. La creación de nuevas especies vegetales.

   ....

6. La invasión de la Tierra por los extraterrestres.

   ....

7. La colonización de otros planetas por los terrícolas.

   ....

4 a) Lee este texto. Puedes usar el diccionario.

Vivir en la Luna

"¿Que cómo funciona todo aquí en la Luna?" Año 2073. El periodista demanda por teleconferencia a Miguel García, un ingeniero técnico, que sea claro y conciso. El objetivo es contar a los lectores los cambios que ha experimentado el conocimiento cósmico en el último medio siglo:

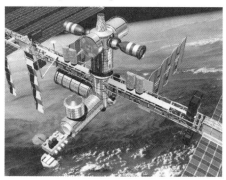

"Quizá todo no ha evolucionado lo rápido que esperábamos... El descubrimiento de millones de toneladas de agua en la Luna fue solo el principio. Hasta entonces, las radiaciones y las temperaturas extremas eran un impedimento insalvable que obligaba al hombre a resignarse ante lo que le ofrecía la cara interna de su atmósfera. Para vivir, para cultivar y para construir, el ser humano necesita agua, y transportar un litro de líquido hasta el satélite costaba alrededor de tres millones de pesetas. Demasiado."

Pero la nave *Lunar Prospector*, lanzada por la NASA en 1998, demostró que el hallazgo de hielo en un cuerpo tan seco como la Luna podía ser un indicio de que el agua era mucho más abundante en el universo de lo que se pensaba. De modo que los humanos montaron en sus naves y se lanzaron a la conquista de las estrellas.

A pesar de que entonces Buzz Aldrin, el segundo hombre que pisó la Luna, afirmó a voz en grito que esta era un astro muerto que estaba muy lejos de ser un lugar en el que uno deseara quedarse, los científicos no se dieron por vencidos. Y hoy, casi un siglo después, la Tierra ha dejado de ser el centro del universo.

El satélite terrestre se ha transformado en una base permanente para científicos (que fueron los primeros en instalarse) y turistas, que con su aportación monetaria ayudan a rentabilizar parte de la instalación de infraestructuras, factible, en parte, gracias al hecho de que el 90 % de los materiales industriales se pueden procesar aquí, lo que abarata mucho el trabajo. Eso no quiere decir que no necesitemos muchos suministros terrestres...

El descubrimiento del helio 3, que cubre toda la superficie lunar y es el mejor combustible para llevar a cabo el proceso de fusión nuclear, ha hecho posible la producción de una energía limpia y prácticamente sin residuos. Incluso lo enviamos a la Tierra para producir energía allí.

MAR MORENO: "Vivir en la Luna", *Cambio 16*, 13 de abril de 1998

b) Anota las respuestas a estas preguntas.

1. Según el texto, ¿por qué se pensó durante muchos años que el ser humano no podría instalarse en la Luna?

....

2. ¿Qué es lo que hizo cambiar de idea?

....

3. ¿Quiénes van allí en la segunda mitad del siglo XXI? ¿A qué van?

....

4. ¿Está muy contaminado ese satélite?

....

5 a) ¿Cómo crees que será la vida de tu mejor amigo dentro de 20 años? Escribe un texto con tus hipótesis al respecto. En la actividad 6a) del libro del alumno encontrarás alguna idea sobre cosas a las que puedes referirte.

....

....

....

....

....

....

....

....

b) Cuando puedas, coméntale el contenido a tu amigo. ¿Piensa lo mismo que tú?

6 AUTOEVALUACIÓN

1. Escribe algunas frases con las estructuras aprendidas en esta lección que te parezcan más difíciles.

....

....

....

....

....

2. Piensa en algunas palabras o expresiones que sueles utilizar en tu lengua pero no en español. Asegúrate de que sabes cómo se dicen y cómo se usan, y escribe frases con ellas.

....

....

....

3. ¿Qué actividad del libro del alumno te ha parecido más útil? ¿Por qué?

....

....

EL CALENDARIO AZTECA

 7 **a) Responde a estas preguntas.**

1. ¿Con qué país asocias el imperio azteca?

....

2. ¿Crees que cuando los españoles llegaron a América todavía existía ese imperio?

....

b) Lee y comprueba. Puedes usar el diccionario.

LA PIEDRA DEL SOL

La Piedra del Sol, o calendario azteca, es un monumento de la cultura azteca. Ese pueblo llegó al valle de México hacia el año 1200 d.C. y su imperio perduró hasta el año 1521. Dicho calendario consiste en un enorme disco de piedra que mide 3,5 m de diámetro y pesa más de 24 toneladas. Fue esculpido por una sola cara, representa la visión del cosmos que tenían los antiguos mexicanos, y está tallado con dibujos y signos. En el centro se halla la imagen del dios Sol, Toniatuh, en forma de rostro humano. A su alrededor aparecen los símbolos de los cuatro puntos cardinales y cuatro figuras que representan los cuatro soles y edades anteriores del mundo (según los aztecas, ellos vivían en el quinto mundo, y el cuarto había sido destruido por los jaguares, el viento, el fuego y el agua; creían que su mundo también sería destruido, esta vez por los terremotos). A continuación hay un anillo en el que se pueden ver los símbolos de los 20 días del mes azteca: el cocodrilo, el viento, la casa, la lagartija, la serpiente, el conejo, el águila, etc. Su año solar constaba de 365 días distribuidos en 18 meses de 20 días, más otros cinco días funestos, durante los cuales no se trabajaba.

En 1790, cuando se estaban realizando unas excavaciones en la Plaza del Zócalo, de la Ciudad de México, apareció la Piedra del Sol. Había permanecido oculta allí desde 1559, año en que el segundo arzobispo de México ordenó enterrarla. Hoy en día, la citada piedra se exhibe en el Museo Nacional de Antropología e Historia de esa ciudad.

Gran Enciclopedia Larousse, Nueva enciclopedia universal Carroggio
y Gran enciclopedia del mundo Durvan

Latina

8 **Responde a las siguientes preguntas.**

1. ¿Cuántos siglos permaneció bajo tierra la Piedra del Sol?
   ....

2. ¿Qué dios está representado en ese calendario? ¿Cómo lo llamaban los aztecas?
   ....

3. ¿Cuál pensaban que sería la causa del fin del mundo en que vivían?
   ....

4. ¿Cuántos meses más que el actual calendario mexicano tenía el azteca?
   ....

5. ¿Cuántos días del año tenían un valor muy negativo para los aztecas? ¿Qué hacían esos días?
   ....

9 **Escribe los nombres de animales que aparecen en el texto con su traducción en tu lengua. ¿Qué estrategias vas a aplicar para recordarlos?**

....

....

....

Viento

Jaguar

Fuego

La cara del dios Sol ocupaba el centro

Cada uno de los veinte días del mes estaba representado por un símbolo

Agua

10 **¿Conoces tú otro calendario que se usaba antiguamente pero no en la actualidad? En caso afirmativo, escribe lo que sepas sobre él.**

Vocabulario

 1 a) Añade las vocales necesarias y escribe palabras que has estudiado en la lección 3 del libro del alumno.

1	__rr__d__c__r	*erradicar*	**7**	d__scr__m__n__c___n	....
2	p__br__z__	....	**8**	d__s__mpl__	....
3	d__sn__tr__c___n	....	**9**	__q___t__t__v__	....
4	c__rr__pc___n	....	**10**	d__l__nc___nc___	....
5	__nv__rt__r	....	**11**	r__c__sm__	....
6	cr__c__m___nt__	....	**12**	r__c__rs__s n__t__r__l__s	....

b) Escribe frases con las palabras que te parezcan más difíciles.

....

....

....

c) Piensa en otras palabras de la lección 3 y escribe sólo sus consonantes. Luego pásaselas a un compañero para que las complete.

Números

2 Completa el siguiente cuadro.

A.	63 %	
B.		cien por cien
C.	1/5	
D.	3/4	
E.		ocho coma uno
F.	14,3	
G.		quince mil quinientos catorce
H.	253 061	
I.		un millón setecientos seis mil cuatrocientos veintiocho

3 a) Lee este texto basado en datos extraídos del *Informe sobre Desarrollo Humano 2002* del Programa de las Naciones Unidas para el Desarrollo y asegúrate de que lo entiendes.

INFORME SOBRE DESARROLLO HUMANO

El porcentaje de la población mundial que vive en la pobreza extrema bajó del 29 % en 1990 al 23 % en 1999. Este es uno de los datos incluidos en el *Informe sobre Desarrollo Humano 2002* del Programa de las Naciones Unidas para el Desarrollo (PNUD). También indica que el 5 % más rico de los habitantes del planeta tiene ingresos que son 114 veces mayores que los ingresos del 5 % más pobre. Por otra parte, el número de personas hambrientas disminuyó en 6 millones al año; si continúa ese ritmo, liberar al mundo del hambre llevará más de 130 años.

Entre 1970 y 2000, la tasa de mortalidad mundial de niños menores de 5 años descendió del 96 al 56 por mil, pero cada día fallecen más de 30 000 niños como consecuencia de enfermedades que podrían ser evitadas.

Hasta finales del año 2000, aproximadamente 22 millones de personas habían muerto de sida y 13 millones de niños habían perdido a sus progenitores a causa de esa enfermedad.

Con respecto a la educación, se señala que aún existen 854 millones de adultos analfabetos en todo el mundo (544 millones son mujeres). El porcentaje de matriculación para los estudios primarios aumentó del 80 % en 1990 al 84 % en 1998, y el 60 % de los niños que no están escolarizados en todo el planeta son niñas.

---

b) ¿Qué informaciones se transmiten en el texto anterior con estos números? Exprésalo con tus propias palabras.

A 23: ....

B 130: ....

C 56: ....

D 30 000: ....

E 22: ....

F 854: ....

4 Todas estas expresiones sirven para introducir opiniones o para expresar acuerdo o desacuerdo. Sin embargo, algunas tienen ciertos errores; haz las correcciones oportunas.

1. En mi modo de ver... ....

2. ¡Ya creo! ....

3. Desde luego que no ....

4. Me doy la impresión que... ....

5. En absoluto ....

6. Yo no veo así ....

7. ¡Y que digas! ....

8. Para mí... ....

9. Estoy convencido que... ....

10. De ninguna manera ....

11. Según mire ....

12. En mi opinión... ....

13. Sin dudar ....

14. De mi punto de vista... ....

5 a) ¿Estás de acuerdo con lo que se expresa en estas frases? Si no lo estás en algún caso, haz los cambios necesarios para reflejar tus opiniones.

1. Todavía se producen muchos casos de discriminación a causa del sexo.
2. Hay mucha gente que no compra productos de marcas que no respetan ciertos derechos laborales reconocidos internacionalmente.
3. Todos los países gastan demasiado dinero en armamento.
4. El problema del paro afecta más a los jóvenes.
5. Aún podemos observar muchos comportamientos racistas.
6. En todos los regímenes políticos se cometen actos de corrupción.

b) Ahora valora esos hechos.

1. *Me parece muy injusto que todavía se produzcan muchos casos de discriminación a causa del sexo.*

2. ....

3. ....

4. ....

5. ....

6. ....

¿Qué tipo de conversador eres?

6 a) Relaciona los adjetivos de la izquierda con las definiciones. Puedes utilizar el diccionario.

1	Repetitivos	A	Siempre llevan la contraria.
2	Monologadores	B	Vuelven a expresar lo dicho anteriormente, sin añadir nada nuevo.
3	Discutidores	C	No dejan terminar a los demás.
4	Graciosos	D	Solo hablan consigo mismos.
5	Divagadores	E	Hablan sin un propósito fijo, o apartándose del tema que se está tratando.
6	Interruptores	F	No participan.
7	Agresivos	G	Aprovechan cualquier oportunidad para contar un chiste.
8	Inhibidos	H	No prestan atención.
9	Distraídos	I	Quieren imponer sus ideas a la fuerza, con gritos, descalificaciones o insultos.

1 – B, 2 - ___ , 3 - ___ , 4 - ___ , 5 - ___ , 6 - ___ , 7 - ___ , 8 - ___ , 9 - ___

b) ¿Consideras que te puedes aplicar alguno de esos adjetivos? Descríbete a ti mismo como conversador y explica si crees que deberías mejorar en algo y cómo.

---

7 AUTOEVALUACIÓN

1. Escribe algunas frases con las estructuras aprendidas en esta lección que te parezcan más difíciles.

....
....
....
....

2. Piensa en algunas palabras, expresiones o estructuras que conoces pero que no usas casi nunca. Escríbelas e indica por qué las usas tan poco.

....
....
....

3. Si consideras que deberías usar más las palabras, expresiones o estructuras mencionadas en el apartado 2, piensa cómo lo puedes conseguir y anótalo.

....
....
....

UN POEMA DE NERUDA

8 Lee este fragmento de un poema de Pablo Neruda y pídele al profesor que te explique lo que no entiendas.

PIDO SILENCIO

Ahora me dejen tranquilo.
Ahora se acostumbren sin mí.

Yo voy a cerrar los ojos.

Y solo quiero cinco cosas,
cinco raíces preferidas.

Una es el amor sin fin.

Lo segundo es ver el otoño.
No puedo ser sin que las hojas
vuelen y vuelvan a la tierra.

Lo tercero es el grave invierno,
la lluvia que amé, la caricia
del fuego en el frío silvestre.

En cuarto lugar el verano
redondo como una sandía.

La quinta cosa son tus ojos.
Matilde mía, bienamada,
no quiero dormir sin tus ojos,
no quiero ser sin que me mires:
yo cambio la primavera
por que tú me sigas mirando.

Amigos, eso es cuanto quiero.
Es casi nada y casi todo.

PABLO NERUDA: *Antología poética, II*

Latina

9 a) Piensa en las cinco cosas que quieres tú y toma nota de ellas. ¿Coincide alguna de ellas con las que quiere Neruda?

....

....

b) Decide en qué orden las quieres y qué versos añadirías a este poema para expresar cada una de ellas. Luego, escríbelos.

PIDO SILENCIO

Ahora me dejen tranquilo.
Ahora se acostumbren sin mí.

Yo voy a cerrar los ojos.

Y solo quiero cinco cosas,

cinco raíces preferidas.

Una es ....

Lo segundo es ....

Lo tercero es ....

En cuarto lugar ....

La quinta cosa ....

Amigos, eso es cuanto quiero.
Es casi nada y casi todo.

c) Revísalo. Comprueba si has expresado todo lo que querías expresar y si están claras las ideas. Haz también todas las correcciones que consideres convenientes y pásalo a limpio si es preciso.

10 Léelo las veces que necesites y luego recítaselo al profesor, que te ayudará a pronunciar y entonar adecuadamente los versos que te resulten más difíciles.

11 Recítaselo a un compañero y escucha el suyo. ¿Es muy distinto al tuyo?

Vocabulario

 1 a) Busca en esta sopa de letras las palabras correspondientes a las definiciones dadas.

```
Z  U  B  J  C  O  M  V  A  G  O  P
O  T  Y  P  A  K  Z  I  U  L  B  H
H  A  L  T  R  U  I  S  T  A  S  Ñ
R  C  X  O  D  R  L  G  U  Q  E  B
B  A  M  U  E  J  Ñ  E  K  Z  R  U
Q  Ñ  E  C  R  Y  B  N  O  P  V  S
G  O  S  I  V  E  H  E  N  J  A  G
E  M  E  J  O  R  A  R  S  U  T  A
L  H  B  G  U  Z  V  O  M  C  O  I
X  I  D  E  A  L  I  S  T  A  R  T
U  J  N  K  S  O  J  O  H  Ñ  I  L
Ñ  A  C  G  T  V  Z  U  P  Y  O  C
```

Horizontales

1. Que no le gusta trabajar.
2. Que actúa solamente con el objetivo de conseguir el bien de los demás.
3. Lo contrario de empeorar.
4. Que no actúa teniendo en cuenta el mundo real, sino la idea de cómo deberían ser las cosas.

Verticales

1. Que intenta gastar lo menos posible, de manera exagerada.
2. Estar una cosa encendida o quemándose.
3. Que da lo que tiene sin buscar nada a cambio.
4. Lugar que tiene todo lo necesario para la observación científica, generalmente astronómica y meteorológica.

b) Piensa en más palabras de la lección 4 del libro del alumno o de otras anteriores y escribe sus definiciones.

c) Pásaselas a un compañero para que diga a qué palabras corresponden.

2 a) Completa este cuadro con las formas verbales correspondientes.

	PRETÉRITO IMPERFECTO DE SUBJUNTIVO	CONDICIONAL SIMPLE
1. querer (usted)	*quisiera*	*querría*
2. dormir (yo)		
3. mejorar (nosotras)		
4. saber (ellas)		
5. creer (vosotros)		
6. ir (tú)		
7. perder (él)		
8. dar (ustedes)		
9. empezar (vosotras)		
10. decir (yo)		
11. repetir (ellos)		
12. cambiar (tú)		
13. oír (ella)		
14. tener (nosotros)		
15. poner (usted)		

b) Ahora anota las otras formas del pretérito imperfecto de subjuntivo equivalentes a las que has incluido en el cuadro.

1 *quisiese*

2 ....

3 ....

4 ....

5 ....

6 ....

7 ....

8 ....

9 ....

10 ....

11 ....

12 ....

13 ....

14 ....

15 ....

3 Completa estas frases con la información que quieras.

1. Si no existieran las fronteras políticas, ...

2. ...., la Tierra estaría menos contaminada.

3. Si no existiese el dinero, ...

4. ...., no habría guerras.

5. Si no hubiera televisión, ...

6. ...., habría menos desigualdades en el mundo.

7. Si estuviésemos en la Edad Media, ...

8. ...., no estaría estudiando español.

9. Si pudiera cambiar lo que quisiera de mi carácter, ...

10. ...., mi vida sería más aburrida.

4 a) ¿Cómo reaccionarías si te encontraras en estas situaciones? Escríbelo.

¿Te gusta mi vestido?

1. Una amiga te pide tu opinión sobre su vestido y te parece feísimo.
2. Te encuentras un maletín con mucho dinero en la calle.
3. Acabas de conocer al posible amor de tu vida.
4. El empleado de un banco se equivoca y te da mucho más dinero del que te corresponde.
5. Ves a tu pareja con otra persona en actitud muy cariñosa.

1. *Si una amiga me pidiera opinión sobre su vestido y me pareciera feísimo,* ....

....

2. ....

....

3. ....

....

4. ....

....

5. ....

....

b) ¿Has vivido alguna experiencia parecida? Explica cómo fue, cómo te sentiste y cómo reaccionaste.

....
....
....
....

Soñar no cuesta dinero

5 a) Escribe frases sobre los sueños de Víctor y continúa la cadena.

... tocarme la lotería primitiva,
dejar mi trabajo,
tener mucho tiempo libre,
hacer lo que realmente me gusta...

Si me tocara la lotería primitiva, dejaría mi trabajo.

Si dejara mi trabajo ....
....
....
....
....
....
....

b) Ahora escribe sobre tus propios sueños. Sigue el mismo procedimiento.

....
....
....
....
....
....
....

6 a) Completa este cuestionario: escribe tres posibles respuestas para cada caso planteado.

1 Si tuvieras que cambiar de profesión, ¿cuál elegirías?

A. ....

B. ....

C. ....

2 Si pudieras vivir donde quisieras, ¿qué lugar elegirías?

A. ....

B. ....

C. ....

3 ¿Qué personaje de la vida real te gustaría ser?

A. ....

B. ....

C. ....

4 ¿Qué harías si te diesen un premio que tú crees que no te mereces?

A. ....

B. ....

C. ....

5 ¿Qué te gustaría cambiar de tu vida?

A. ....

B. ....

C. ....

b) Anota tus respuestas aparte. Luego, pásale a un compañero tu cuestionario y responde al suyo. ¿Cuántas respuestas coinciden?

7 ¿Qué puedes hacer en tu vida cotidiana para ganar en calidad de vida? ¿Lo haces? Escríbelo.

Pronunciación y entonación

8 a) Lee el cómic de la actividad 11 del libro del alumno, y selecciona las frases y los diálogos que te parezcan más difíciles de entonar.

....

....

....

....

....

....

....

b) Practícalos. Pídele ayuda al profesor si la necesitas.

c) Si lo deseas, puedes grabarte a ti mismo para tratar de corregirte posteriormente.

---

9 AUTOEVALUACIÓN

1. Escribe frases con las palabras o estructuras más difíciles que hayas aprendido en esta lección.

....

....

....

....

2. ¿Has descubierto o recordado en esta lección alguna estrategia de aprendizaje de vocabulario que te parezca útil? ¿Cuál es? ¿Piensas ponerla en práctica?

....

....

....

3. ¿Qué actividad del libro del alumno o del cuaderno de ejercicios te ha resultado más útil? ¿Por qué?

....

....

4. ¿En qué crees que debes mejorar? ¿Qué vas a hacer para conseguirlo?

....

....

UN CUENTO LATINOAMERICANO

 10 Lee este cuento del escritor argentino Adolfo Bioy Casares y busca sinónimos de estas palabras.

- predijo ....
- dijo ....
- mentiras ....
- añadió ....
- niños ....
- escrito ....

TEMA DEL FIN DEL MUNDO

Adolfo Bioy Casares

Quizá el fin del mundo no es fácil de imaginar. Ramírez, que atiende el vestuario del club, me dijo que su hija oyó por radio, en el programa de algún aceite comestible, a un boliviano que pronosticó para el domingo 23 el fin del mundo. Mi consocio Johnny aseguró que todo eso eran macanas. Ramírez convino en que no debíamos creer una palabra del tal pronóstico y agregó que, por si acaso, el sábado a la noche no se privaría de nada, porque él estaba dispuesto, eso sí, a darse una comilona. Hombre del momento, pasó a declarar que esos anuncios debían estar terminantemente prohibidos "por causa de las criaturas". Recordó el caso de alguien que predijo, para no sé qué fecha, el fin del mundo y cuando dieron las doce de la noche "se abocó al revólver y se mató. Mientras tuvo fuerzas apretó el gatillo. No era para menos". Johnny le preguntó:

—¿Qué haría usted si supiera con seguridad que un día determinado acaba el mundo?

—No diría nada, por causa de las criaturas –respondió Ramírez–, pero dejaría anotado en un papelito que en el día de la fecha era el fin del mundo, para que vieran que yo lo sabía.

ADOLFO BIOY CASARES: *Guirnalda con amores*

23
Domingo

Latina

11 Lee el texto de nuevo y responde a estas preguntas.

A. ¿Cómo se enteró Ramírez de que el fin del mundo tendría lugar el domingo 23?

....

B. ¿Se lo creyó Johnny?

....

C. ¿Crees que se lo creyó Ramírez? Argumenta tu respuesta.

....

....

....

D. ¿Crees que le confesó en un principio Ramírez a Johnny lo que realmente pensaba?

....

E. En opinión de Ramírez, ¿por qué no se deberían hacer públicas ese tipo de informaciones?

....

12 Y tú, ¿qué harías si supieras con seguridad que un día determinado acaba el mundo? Escribe la última parte del cuento con tu propia respuesta.

1 Completa estas frases.

1 • ¡Que .... (tener, usted) suerte y que todo .... (salir) bien!

○ Gracias. Eso espero.

2 • ¿Qué vas a hacer esta noche? ¿Vas a salir?

○ Todavía no lo he decidido, pero lo más probable es que me .... (quedar, yo) en casa estudiando.

3 • Oye, todavía no me has dicho quién es tu jefe.

○ ¡Ah, sí! Mira, es aquel que está hablando con el .... bigote.

4 • Ana, ¿no te parece que Miguel .... (tener) una actitud un poco extraña hoy?

○ ¿Tú crees? Yo no he notado nada.

5 Hombre, está claro que, si .... (poder, yo), yo también haría lo mismo.

6 • ¿Usted cree que merece la pena que lo .... (intentar, yo) otra vez?

○ Yo estoy convencida de que sí.

7 • ¿Sabes que igual me .... (ir, yo) a trabajar a Brasil?

○ ¡Anda! ¿Y eso?

8 ¿Qué opinas sobre lo .... que cada vez habrá menos problemas de tráfico?

9 ¡Es que es increíble que todavía .... (ocurrir) cosas así!

10 Bueno, entonces quedamos así: te llamaré en cuanto lo .... (saber, yo).

11 No sé cómo será mi vida dentro de veinte años, pero puede que .... (estar, yo) viviendo en otro país.

2 Consulta las soluciones para corregirte tú mismo o pídele al profesor que lo haga. Luego, analiza los errores cometidos.

3 Repasa los contenidos gramaticales que consideres conveniente repasar.

12 • ¿Ya habéis decidido adónde vais a ir de vacaciones?
   ○ No, pero quizá .... (ir, nosotros) a la República Dominicana…

13 Yo, los deberes .... hago todos los días; para mí es fundamental.

14 • Yo creo que lo mejor es que .... (dejar, nosotros) pasar el tiempo.
   ○ Sí, para ver cómo evoluciona todo.

15 Sigo pensando que es un error .... (hacer, yo) eso.

16 Vale, entonces nos vemos donde siempre después de que .... (terminar) la película.

17 • Pero ¡qué idea más buena! ¿Cómo .... te ha ocurrido?
   ○ No sé… .... me ha ocurrido de repente.

18 Si viviera cerca del trabajo, no .... (perder, yo) tanto tiempo en desplazamientos.

19 ¿Te he dicho que a lo mejor .... (venir) Carmen y Pepe el próximo fin de semana?

20 Y lo peor de todo es que no hay .... otro restaurante por aquí.

21 • ¿Y qué .... (hacer, tú) en mi lugar? ¿Se lo .... (decir, tú)?
   ○ Pues no lo sé, no me lo he planteado.

22 Para solucionar el problema del tráfico es imprescindible que .... (utilizar, nosotros) más el transporte público.

23 A mí me parece muy bien que .... (tomar, ellos) esas medidas; es lo más justo.

24 • Muchas gracias .... haber venido.
   ○ ¡Bah! No hay .... qué. Ha sido un placer.

25 ¡Cómo me gustaría que en el diccionario no .... (aparecer) la palabra *envidia*! Eso significaría que no existiría ese sentimiento.

---

4 Sustituye las frases del test en las que hayas cometido errores por otras correctas.

5 Si lo deseas, puedes escribir otras frases con los contenidos que te parezcan más difíciles y dárselas al profesor, junto con las del ejercicio 4, para que las corrija.

Vocabulario: árbol de sílabas

1 a) Cada una de estas sílabas es la primera de una palabra que sirve para hablar de la vida de una persona. Forma doce palabras con ellas.

Árbol con sílabas: O-, LE-, RE-, BE-, AS-, E-, DE-, FRA-, FA-, SUS-, CU-, SAN-

1. *reconciliarse*
2. ....
3. ....
4. ....
5. ....
6. ....
7. ....
8. ....
9. ....
10. ....
11. ....
12. ....

b) Anota cada una de esas palabras en la columna correspondiente.

RELACIONES PERSONALES	ESTUDIOS O TRABAJO	SALUD
reconciliarse		

c) Escribe lo contrario de algunas de esas palabras.

....

....

....

2 a) Ordena las palabras para formar frases correctas y puntúalas.

1. trasladado barrio que a bien te qué este hayas.
   ¡Qué bien que te hayas trasladado a este barrio!

2. trabajo Ana no lástima conseguido qué ese haya que.
   ....

3. de alegro me llamado cuánto que hayas me.
   ....

4. una fueras que boda la lástima no a es.
   ....

5. que irte tan pena pronto que tengas qué.
   ....

6. igual digan lo me que da.
   ....

b) Ahora relaciónalas con estas frases.

A Con lo que lo necesita. → *2*

B Ahora nos veremos más a menudo. → ...

C Con lo bien que lo estábamos pasando. → ...

D Pensaba que ya no te acordabas de mí. → ...

E No sabes lo que te perdiste. → ...

F Tengo la conciencia muy tranquila. → ...

c) Practica la entonación de esas frases. Luego di ante el profesor las que te resulten más difíciles.

 3 **a) Corrige los errores que hay en este diálogo.**

● ¡Qué raro que tardan tanto en llegar! Con los puntuales que son.

○ Pues sí, es un poco raro. Pero, en fin, esperemos que no tarden mucho más.

● Yo empiezo a estar un poco preocupado. No sé... ¿los habrá pasado algo?

○ No, hombre, no. Ya verás como llegan enseguida. A lo mejor hayan tenido problemas de tráfico o alguna complicación de última hora.

● Sí, pero es que no han llamado ni nada. Y eso es precisamente lo más que me preocupa.

○ Bueno, igual es que no han podido.

b) Lee estas preguntas y escribe las respuestas expresando hipótesis.

1. ¿Qué relación crees que tienen las dos personas que están hablando?

....

2. ¿Dónde están?

....

3. ¿Quiénes son las personas a las que están esperando?

....

4. ¿Para qué han quedado?

....

4 Escribe preguntas tratando de buscar explicaciones a estas situaciones.

1. Una compañera tuya que no falta nunca a clase no ha venido hoy y desconoces la causa.

   ¿Por qué no habrá venido? ¿Estará enferma?

2. Carlos, un conocido, no te habla últimamente e ignoras los motivos.

   ....

3. De repente te das cuenta de que no llevas el reloj. No sabes dónde lo has dejado.

   ....

4. Ayer te acostaste muy tarde, pero no recuerdas la hora exacta.

   ....

5. Llaman a tu puerta a las doce de la noche y no tienes ni idea de quién puede ser.

   ....

6. Ayer hiciste una fiesta en tu casa y Maite, una amiga tuya, no fue. No sabes por qué.

   ....

7. Llevas dos días intentando localizar por teléfono a un amigo sin conseguirlo.

   ....

8. Te encuentras un maletín en la calle y no puedes abrirlo. Sientes verdadera curiosidad por ver lo que hay dentro.

   ....

5 Escribe sobre tu propia vida. Puedes referirte a:

- Cosas que has hecho y de las cuales te sientes orgulloso.
- Cosas que te gustaría hacer.

....

....

....

....

....

Entonación

6 a) Lee este fragmento sobre la entonación con la ayuda del diccionario y ponle un título.

> Una misma frase, como, por ejemplo, *Duerme tranquilo*, puede tener un valor afirmativo, interrogativo o exclamativo, según la entonación con que se pronuncie. Dentro de cada uno de estos casos dicha frase, precisando aún más su significación, expresará un determinado matiz emocional o mental –temor, alegría, súplica, ansiedad, duda, desdén, etc.– según las circunstancias particulares que caractericen su forma melódica. El conocimiento de la entonación es, pues, de la mayor importancia, tanto para la recta inteligencia de lo que se oye como para la expresión justa de lo que se quiere decir. Por el tono con que se pronuncie, una palabra de reproche puede convertirse en un elogio, un cumplimiento en una ofensa, una felicitación en una burla, etc.
>
> TOMÁS NAVARRO TOMÁS: *Manual de pronunciación española*

Título: ....

b) ¿Qué quiere decir su autor? Explícalo con tus propias palabras.

....
....
....
....

7 AUTOEVALUACIÓN

1. Elige palabras o estructuras aprendidas en esta lección y escribe frases con ellas.

....
....
....
....

2. ¿En qué crees que debes mejorar? ¿Qué vas a hacer para conseguirlo?

....
....

3. Escribe frases de la lección 5 del libro del alumno que te parezcan difíciles de entonar. Luego, practícalas (puedes solicitar la ayuda que desees).

....
....
....

¿DÓNDE Y CON QUIÉN VIVEN LOS JÓVENES ESPAÑOLES?

8 a) ¿Crees que la mayoría de los jóvenes españoles reside en casa de sus padres?

b) Lee este texto basado en datos extraídos del artículo "Aumentan los jóvenes deseosos de abandonar el hogar paterno", de Charo Nogueira (publicado en *El País*, 19 de noviembre de 2002), y comprueba.

LOS JÓVENES ESPAÑOLES

Según una encuesta realizada por el Instituto de la Juventud en colaboración con el Centro de Investigaciones Sociológicas, las tres cuartas partes de los jóvenes españoles de 15 a 29 años viven con sus padres. Sin embargo, cada vez son más los que pretenden emanciparse. Así, mientras que en el año 2000 el 46 % quería irse a vivir fuera de la casa paterna, en el año 2002 deseaba hacerlo el 51 %. El mayor obstáculo que encuentran cuando se plantean abandonar el hogar familiar es de tipo económico: casi ocho de cada diez jóvenes no cuentan con los ingresos que estiman necesarios para vivir por su cuenta (1 000 euros al mes).

También destaca el estudio que la causa principal por la que dejan el domicilio de sus progenitores es la creación de su propio hogar (43,1 %). El 22,6 % se va para conseguir independencia y autonomía, y el 18,9 % por razones de estudios.

El 77 % de los jóvenes depende en mayor o menor medida de la ayuda económica de otras personas, puesto que solamente el 23 % se mantiene con lo que gana. Los que son económicamente independientes disponen de una media de 894 euros para sus gastos mensuales.

El trabajo revela, asimismo, que abundan los padres permisivos. Seis de cada diez son considerados poco o nada estrictos por sus hijos. Más de la mitad de los encuestados afirman que pueden regresar por la noche a la hora que deseen, dormir fuera o reunirse con sus amigos en el domicilio familiar. Por último, el 86,6 % opina que tiene unas relaciones bastante o muy buenas con sus progenitores.

Latina

9 **Lee de nuevo el texto y subraya la opción apropiada.**

1. **Dos/Tres** de cada cuatro jóvenes españoles viven en el domicilio de sus padres.

2. El porcentaje de los que quieren emanciparse está **aumentando/disminuyendo**.

3. **Los estudios / Las ganas de formar su hogar** son el principal motivo por el que los jóvenes se van a vivir fuera de la casa paterna.

4. Aproximadamente, uno de cada **dos/cuatro** jóvenes vive de lo que gana.

5. Según la encuesta, los hijos se llevan **bien/mal** con sus padres.

10 **Consulta el texto y escribe el significado de estas palabras y expresiones.**

1. Pretender: ....
2. Paterno: ....
3. Obstáculo: ....
4. Ingresos: ....
5. Disponer de algo: ....
6. Progenitores: ....

11 **Piensa en lo que más te llame la atención del texto y compáralo con lo que hacen los jóvenes de tu país. ¿Crees que hay muchas diferencias?**

Vocabulario: la columna

1 Escribe las palabras correspondientes a las definiciones y luego lee el nombre de la columna. Se trata de un problema ecológico.

```
 1. _ _ _ _ │_│ _ _ _ _ _
 2. _ _ _ _ │_│ _ _ _ _ _ _
       3. _ _ │_│ _ _ _ _
    4. _ _ _ │_│ _ _ _ _
    5. _ _ _ │_│ _ _ _
    6. _ _ _ │_│ _ _ _ _ _
    7. _ _ _ │_│ _ _ _ _
          8. _ │_│ _ _ _ _
 9. _ _ _ _ │_│ _ _ _ _ _ _
      10. _ _ │_│ _ _ _
    11. _ _ _ │_│ _ _
    12. _ _ _ │_│ _ _ _
    13. _ _ _ │_│ _
```

1. Sustantivo derivado de *inundar*.
2. Destrucción o tala de bosques.
3. Materiales que quedan como inservibles después de haber realizado un trabajo u operación. Muchos de ellos contaminan el medio ambiente.
4. Verbo derivado de *veneno*.
5. Conjunto de las plantas características de una zona.
6. Que contamina.
7. Que puede ser reciclado.
8. La capa de .... nos protege de las radiaciones solares.
9. Adjetivo derivado de *medio ambiente*.
10. Lo contrario de *abundante*.
11. Si tomas una sustancia .... te intoxicas.
12. Líquido almacenado bajo presión que puede ser lanzado al exterior en forma de gas.
13. Conjunto de los animales característicos de una zona.

2 a) Ahora elabora tú un ejercicio como el anterior. Sigue estos pasos:

A Escribe verticalmente la palabra de la columna.

B Escribe horizontalmente las palabras necesarias para descubrir la palabra de la columna.

C Redacta las definiciones o las explicaciones de las palabras que has anotado en B.

D Revisa lo que has redactado y pásalo a limpio. Luego, entrégaselo al profesor para que lo supervise.

b) Pásale el ejercicio a un compañero. Él deberá resolverlo para descubrir cuál es la palabra de la columna.

Ortografía

 a) Busca el intruso y justifícalo. Para ello, fíjate en las terminaciones de las palabras.

1. destrucción   conservación   protección   producción
2. contaminación   extinción   solución   agresión
3. transformación   erosión   emisión   división
4. industrialización   asociación   reducción   relación

	INTRUSO	¿POR QUÉ?
1.		
2.		
3.		
4.		

b) Ahora pronuncia cada una de esas palabras. ¿Recuerdas por qué llevan tilde?

....

Conectores

 Une estas frases con los conectores *ya que*, *sin embargo*, *por lo tanto*, *puesto que*, *aunque* o *consecuentemente*. Puedes hacer los cambios que consideres necesarios.

1. Reduzca el consumo de pilas. Producen una energía muy cara y son muy contaminantes.
   Reduzca el consumo de pilas, puesto que producen una energía muy cara y son muy contaminantes.

2. Los bosques son una fuente de recursos necesaria y limitada. No siempre los conservamos bien.

   ....

3. El coche contamina mucho. No conviene utilizarlo en exceso.

   ....

4. Consuma alimentos frescos y naturales. Son más sanos.

   ....

5. Existen sistemas de producción limpia. La industria utiliza tecnologías contaminantes.

   ....

6. El corcho blanco apenas se recicla. No es aconsejable comprar alimentos envasados con ese material.

   ....

5 a) Lee este fragmento de un cuento que no está puntuado y busca en el diccionario el significado de las palabras que no entiendas.

Leopoldo era un escritor minucioso implacable consigo mismo a partir de los diecisiete años había concedido todo su tiempo a las letras durante todo el día su pensamiento estaba fijo en la literatura su mente trabajaba con intensidad y nunca se dejó vencer por el sueño antes de las diez y media Leopoldo adolecía sin embargo de un defecto no le gustaba escribir

AUGUSTO MONTERROSO: *Leopoldo (sus trabajos)*

b) Ahora, puntúalo adecuadamente y pon las mayúsculas necesarias.

6 **a) Ordena estos pasos, que son seguidos por los buenos escritores.**

A Generar ideas: pensar en el tema y elaborar listas de las ideas que se nos ocurran, hacerse preguntas sobre el tema, etc.

B Revisar el borrador y hacer los cambios necesarios. Asegurarse de que:
· se ha expresado todo lo que se quería expresar;
· la información está clara;
· se ha utilizado adecuadamente la lengua (gramática, vocabulario, signos de puntuación, etc.)

C Planificar lo que se va a escribir: organizar la información (agrupar esas ideas, ordenarlas, decidir cuáles serán incluidas en cada párrafo, cuántos párrafos habrá y en qué orden aparecerán...).

D Reflexionar sobre lo que se quiere escribir, por qué se va a escribir y quién lo va a leer.

E Pasar a limpio el texto definitivo.

F Redactar el borrador.

Orden: D , ... , ... , ... , ... , ...

b) ¿Sigues tú esos pasos cuando escribes? En caso negativo, procura hacerlo: te facilitará el trabajo y te ayudará a expresarte mejor por escrito.

7 **Escribe un texto sobre un problema medioambiental que te parezca grave. Explica, entre otras cosas:**

• En qué consiste ese problema y por qué te parece grave; detalla sus efectos.
• Qué hacen y qué deberían hacer las Administraciones públicas y los ciudadanos para solucionarlo.

8 a) ¿Qué te resulta más fácil en tu lengua: hablar o escribir? ¿Y en español? ¿A qué crees que se debe?

b) Lee este texto. Puedes utilizar el diccionario.

Pedro Salinas

La lengua escrita es muy diferente de la hablada. Porque la actitud del ser humano cuando escribe, su actitud psicológica, es distinta de cuando habla. Cuando escribimos se siente lo que llamaría yo la responsabilidad ante la hoja en blanco; es porque percibimos que ahora, en el acto de escribir, vamos a elevar el lenguaje a un plano distinto del hablar, vamos a operar sobre él con nuestra personalidad psíquica, más poderosamente que en el hablar. Casi todo el mundo pierde la confianza con el lenguaje, su familiaridad con él, apenas coge una pluma. El idioma se le aparece más que como la herramienta dócil del hablar, como una realidad imponente, el conjunto de todas las posibles formas de decir una cosa, con la que el que escribe tendrá que luchar hasta que halle su modo. Igual sucede eso al poeta que al muchacho que empieza una carta a la novia...

PEDRO SALINAS: *Defensa del lenguaje*

c) ¿Estás de acuerdo con Pedro Salinas? Justifícalo.

d) ¿Has sentido alguna vez "la responsabilidad ante la hoja en blanco" o cualquier otro sentimiento parecido? ¿Cómo te sientes cuando escribes en español? Explícalo.

9 AUTOEVALUACIÓN

1. ¿Recuerdas cómo se usan y cómo funcionan los conectores tratados en esta lección? Elige los más difíciles y escribe frases con ellos, utilizando también palabras que has aprendido en la lección 6.

....

....

....

....

....

....

....

....

....

....

2. ¿Te ha parecido especialmente útil alguna actividad de esta lección? Explica por qué.

....

....

....

3. ¿En qué crees que debe mejorar tu forma de expresarte por escrito en español? ¿Qué vas a hacer para conseguirlo?

....

....

....

4. ¿Has descubierto en esta lección alguna idea que te puede ayudar a expresarte mejor por escrito? ¿En qué consiste?

....

....

....

....

UN PARQUE NACIONAL COLOMBIANO

 10 Lee el texto y expresa a tu manera ideas que se transmiten con las palabras dadas.

COLOMBIA ESTRENA PARQUE AMAZÓNICO

Los indígenas de la etnia inga pidieron la creación de la reserva de 68 000 hectáreas en una zona de producción cocalera rica en biodiversidad, donde habitan numerosas especies que aún no han sido clasificadas.

BOGOTÁ.- La necesidad de proteger a la comunidad indígena inga y el hallazgo de especies de aves, insectos y plantas sin clasificar determinaron en Colombia la creación del Parque Nacional Natural Alto Fragua - Indiwasi, una voz inca que significa *casa del sol*. El nuevo parque [...] cubre una superficie de 68 000 hectáreas en el meridional departamento de Caquetá, en la Amazonía, la zona de mayor biodiversidad de Colombia. [...]

El Indiwasi funcionará bajo una administración concertada con las autoridades indígenas, y es el más nuevo de los 47 parques naturales del país, un sistema que protege de manera especial 9,8 millones de hectáreas que constituyen casi el nueve por ciento del territorio colombiano. [...]

Es necesario proteger el territorio y la medicina tradicional, "porque si se acaban las montañas, perdemos la autonomía y la cultura", afirmaron a *Tierramérica* Azael Delgado, gobernador del refugio de Urallaca, y Marco Antonio Jacanamijoy, gobernador de la Asociación de Cabildos Tandachiridu Inganokuna.

M.ª ISABEL GARCÍA, *Tierramérica*, 3 de abril de 2003 (adaptado)

Latina

Inga: ....
....

Especies: ....
....

Biodiversidad: ....
....

Concertada: ....
....

Autonomía: ....
....

11 **Escribe las respuestas a estas preguntas.**

• ¿Has estado alguna vez en un parque natural? ¿En cuál? ¿Qué es lo que más te gustó?
....
....

• ¿Te gustaría visitar algún parque natural o alguna selva que no conoces? ¿Cuál? ¿Por qué?
....
....

Vocabulario

 1 a) Añade las consonantes necesarias para formar diez adjetivos que suelen aparecer en eslóganes de anuncios publicitarios.

1. e_ó_i_o
2. i_ _ o_a_o_
3. _a_ _ o_o
4. _u_ _i_i_o
5. e_o_ó_i_o

6. a_a_io_a_ _ e
7. i_o_ _i_a_ _ e
8. e_ _ ui_i_o
9. a_ _ e_i_o
10. _ia_ _ e

b) Ahora forma el infinitivo de cuatro verbos que usamos para hablar de la publicidad.

1. _e_ _ ua_i_
2. _a_i_u_a_

3. e_ _ a_a_
4. _u_ _ e_a_

c) Escribe el nombre de un producto que podría ser anunciado con cada uno de los adjetivos del apartado 1a).

1. *Un destino turístico*
2. ....
3. ....
4. ....
5. ....
6. ....
7. ....
8. ....
9. ....
10. ....

d) Anota otros adjetivos que aparecen en campañas publicitarias actuales. Si piensas en algunas hechas en tu lengua y necesitas ayuda, puedes consultar el diccionario.

2 Busca siete errores gramaticales en estas frases y subráyalos. Luego, escribe la forma correcta.

ELIJA EL QUE MÁS LE GUSTE   Y CÁMBIELO CUANDO QUIERA

1. En el siglo XVIII se <u>creó</u> los primeros periódicos de anuncios. También se empezó a incluir publicidad en los periódicos de información general.

   En el siglo XVIII se <u>crearon</u> los primeros periódicos de anuncios.

2. El anuncio moderno fue creado por el francés Émile de Girardin, propietario del periódico *La Presse*. En el siglo XIX logró abaratar su periódico en un 50% gracias a los ingresos publicitarios.

   ....

3. Las primeras agencias publicitarias fundaron en el siglo XIX.

   ....

4. En el siglo XX produjo un gran auge de la publicidad.

   ....

5. En muchos anuncios se exagera las cualidades de los productos anunciados.

   ....

6. La elección de un buen eslogan suele ser fundamental para una campaña publicitaria tenga éxito.

   ....

7. El objetivo de un anuncio publicitario es seducir y persuadir al consumidor para que compra un producto.

   ....

8. Hay gente que no es que está en contra de la publicidad, sino que cree que se abusa de ella.

   ....

3 Completa este anuncio con *le, lo o se*.

No se desplace. No haga colas. No .... moleste. Simplemente llame a nuestra Central de Reservas y reserve su billete por teléfono. ¿Ya está? Pues ahora viene .... mejor. Pídanos que se .... llevemos a casa. Solo tiene que darnos la dirección y decirnos cómo .... va a abonar: en efectivo o con tarjeta de crédito.

Automáticamente el servicio de mensajería .... pondrá en marcha y .... lo entregará en mano. El Servicio de Billetes a domicilio llega ahora a cualquier punto de la provincia de Madrid en un radio de 50 km. Y todo por menos de .... que .... costaría el desplazamiento para recogerlo.

4 **a) Sustituye estas frases de anuncios publicitarios por otras en las que incluyas los correspondientes pronombres de objeto directo y de objeto indirecto.**

1. Enséñale esto a tu hijo.
   Enséñaselo.

2. No le cuente eso a su jefe.
   No se lo cuente.

3. Pruébate esta ropa.
   ....

4. Diles a tus amigos lo que has descubierto.
   ....

5. Imagínense lo mejor.
   ....

6. Regálale esto a tu novia.
   ....

7. No os perdáis esta película.
   ....

8. Consulte sus dudas al especialista.
   ....

b) Ahora transforma las frases afirmativas en negativas, y las negativas en afirmativas.

1. No se lo enseñes ....

2. Cuénteselo ....

3. ....

4. ....

5. ....

6. ....

7. ....

8. ....

5 a) Une las dos mitades de estos eslóganes.

1. Con Aerolíneas Caribeñas el tiempo...	A. ... no llegues nunca tarde.
2. Deje de soñar con la casa de sus sueños y...	B. ... lo que realmente hay que oír.
3. Una de cal...	C. ... pasa volando.
4. Precisión artesanal para que...	D. ... es una persona sin opinión.
5. Disfruta escuchando...	E. ... y otra de arena.
6. Una persona sin información...	F. ... venga a conocerla.

1- ___ ; 2 - ___ ; 3 - ___ ; 4 - ___ ; 5 - ___ ; 6 - ___ .

b) Relaciona esos eslóganes con estos productos.

Un periódico: _____   Una vivienda : _____

Una colección de música: _____   Una compañía aérea : _____

Un reloj : _____   Un destino turístico en el Mediterráneo: _____

6 Completa estas frases con *por* o *para*.

1. Un buen anuncio suele tener un eslogan sencillo y atractivo que el consumidor lo recuerde con facilidad.

....

2. Existen consumidores que pueden ser fácilmente manipulados la publicidad.

....

3. Muchos publicistas opinan que la publicidad no es muy cara los excelentes resultados de ventas que permite alcanzar.

....

4. Actualmente se envía mucha publicidad correo.

....

5. Muchos ciudadanos, la publicidad tiene aspectos positivos y, sobre todo, negativos.

....

6. Según muchos profesionales, todavía hay mucho hacer en el terreno de la publicidad.

....

7. Mí, pueden insertar todos los anuncios que quieran en los periódicos; es un asunto que no me preocupa: no los miro.

....

8. El año pasado Navidades aumentó muchísimo la publicidad de productos para niños.

....

9. Hay mucha gente que está la aprobación de una legislación que regule el mercado publicitario y el contenido de los anuncios.

....

7 ¿Qué opinas sobre la publicidad? ¿Te gusta? ¿Te molesta? ¿La encuentras necesaria y útil? ¿Qué piensas sobre las leyes que la regulan? Exprésalo en un texto en el que trates, entre otras cosas, los siguientes puntos:

- Introducción al tema: la publicidad hoy en día.
- Aspectos positivos y aspectos negativos.
- Conclusión.

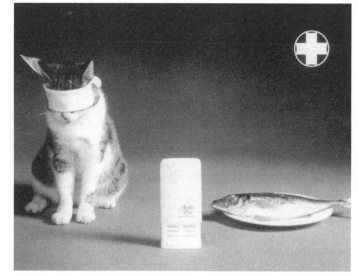

8 AUTOEVALUACIÓN

1. Piensa en los contenidos léxicos y gramaticales más difíciles de esta lección y escribe frases con ellos.

....

....

....

....

....

....

....

....

....

2. ¿Qué actividad de esta lección te ha resultado más útil? ¿Por qué?

....

....

....

3. ¿Crees que debe mejorar tu forma de expresarte oralmente en español? ¿Qué vas a hacer para conseguirlo?

....

....

....

4. ¿Consideras que debes repasar ciertos contenidos de esta lección o de otras anteriores? Anótalos y decide cómo y cuándo vas a hacerlo.

....

....

....

....

LOS MAYAS

9 a) ¿Sabes algo de la civilización maya? ¿Con qué países y época la relacionas?

b) Asegúrate de que entiendes este texto.

LA CIVILIZACIÓN MAYA

[La civilización maya] floreció en la misma época en que el Imperio romano dominaba Europa, hace dieciocho siglos; aproximadamente, entre los años 300 y 900 d.C. Cuando los europeos llegaron a América Latina, en 1492, el Imperio maya ya había declinado a causa de las guerras civiles y las invasiones de otros grupos de indígenas. [...]

Ciudades y campos

La prosperidad de la civilización maya se basó en la agricultura, especialmente en el cultivo del maíz. Los fértiles campos que enriquecieron el imperio permitieron alimentar a una población numerosa. Los mayas utilizaron su riqueza para crear obras de arte y levantar ciudades. Algunas de ellas se rodearon con inmensas murallas de piedra. Las casas se disponían en torno a un gran espacio central, en donde se levantaban los templos y los palacios. Cada ciudad maya constituía un Estado en sí mismo, con un gobierno y unas leyes propias.

Latina

La Serpiente Emplumada

El maíz era tan importante para los mayas que lo adoraban como un dios. Según se tratara del maíz temprano, dulce o maduro, recibía nombres diferentes. Una serpiente con plumas, la Serpiente Emplumada, llamada Kukulcán, representaba al dios creador de todas las cosas, el maíz inclusive. Los mayas creían que esta serpiente había enseñado a los hombres a vivir en paz. Los muros de piedra de los inmensos templos y palacios mayas estaban profusamente decorados en honor de los dioses. También creaban otras obras de arte a modo de ofrendas.

Hacia el año 1200, los mayas fueron derrotados por los toltecas, procedentes del norte. La arquitectura, el arte y la religión mayas fueron asimilados por estos y, más tarde, transmitidos a los aztecas.

Contar y escribir

Los jeroglíficos que han aparecido grabados sobre los monumentos nos muestran que los mayas tenían un alfabeto. También sabemos que esta civilización poseía un sistema numérico muy exacto, que se utilizaba para realizar complejas mediciones y ecuaciones. El calendario maya era más exacto que el empleado en Europa por aquella época. Dividían el año en dieciocho meses, cada uno de veinte días de duración. Al acabar el año había cinco días destinados a celebraciones, y cada cuatro años existía un día de más, lo que convertía ese año en un año bisiesto.

ANA MARÍA MACHADO: *Exploradores y aventureros en América Latina*

c) Anota las palabras nuevas con la traducción en tu lengua.

d) Escribe preguntas sobre informaciones del texto que te parezcan interesantes.

e) Házselas a un compañero y comprueba si responde correctamente.

Vocabulario: rompecabezas

1 a) Escribe las palabras correspondientes siguiendo el sentido de la flecha. La última letra de una palabra es la primera de la siguiente.

1. Sustantivo derivado de *declarar* (singular).

2. Utilizar una red informática o moverse a través de ella.

3. Difusión desde una emisora de algo que ha sido transmitido a ella desde otro lugar (plural).

4. Hoja o publicación independientes que se venden junto con un periódico o una revista (plural).

5. Sección de un periódico donde se relatan delitos o accidentes.

6. Obra que se emite por capítulos en radio o en televisión.

7. Artículo sin firma que expresa la opinión del periódico sobre cualquier tema.

8. "Como me gusta obtener información sobre mi ciudad, leo todos los días la sección .... del periódico."

b) Ahora escribe tú las definiciones de estas palabras.

1. Documental: ....

2. Internauta: ....

3. Tertulia: ....

4. Informativo: ....

2 Completa este cuadro. Introduce las frases de la derecha con verbos en pasado.

	ESTILO DIRECTO	ESTILO INDIRECTO
1.	"Yo escucho mucho la radio."	*Me dijo que...*
2.	"¿Te has enterado de lo de Ecuador?"	
3.		Me comentó que lo había leído el día anterior en el periódico.
4.	"Yo ya lo sabía."	
5.		Manifestó que en su vida había oído una noticia como esa.
6.	"¿Sabes a qué hora lo retransmitirán?"	
7.		Me aseguró que él no sería capaz de hacerlo.
8.	"Siéntate y escucha con atención."	
9.		Me aconsejó que me informara bien.
10.	"Por favor, no me lo digas."	

3 a) Lee este texto y responde a las preguntas.

Don Augusto leía el periódico por secciones, siguiendo siempre el mismo orden; era aquella una lectura sistemática y atenta, casi un estudio, apenas interrumpido cuando determinada noticia le merecía un breve comentario en voz alta. En primer lugar leía las noticias y crónicas del extranjero dejándose sorprender invariablemente por la estupidez de aquellos hombres que, de forma inexplicable, habían alcanzado los puestos de mayor responsabilidad, poniendo así en peligro el porvenir de Occidente. [...]

En las páginas dedicadas a la vida nacional se demoraba menos, las pasaba de largo excepto cuando traían la reseña de alguna reunión de las Cortes[1] o del Consejo de Ministros y de los acuerdos tomados, que el viejo estudiaba detenidamente. Luego pasaba a la sección de actualidad ciudadana, a las noticias sobre proyectos y aspiraciones barcelonesas sobre urbanismo. Meneaba la cabeza. "¡Ah, el plan Cerdá![2] –decía–. Si lo hubieran realizado tal y como se proyectó..."

Los lunes también echaba un vistazo a la crónica taurina y a la reseña de los encuentros de Liga. "¿Qué habrá pasado con esa estupidez del fútbol?", decía entonces, como para disculparse. Aunque en su vida presenció un partido, parecía alegrarse de que perdiese el Barcelona C. de F. [...]

Para el final se reservaba el estudio de las cotizaciones de Bolsa, de los artículos referentes a temas financieros y económicos. [...]

Don Augusto era muy aficionado a las cuestiones económicas y financieras y, tras concluir con ellas la lectura del periódico, doblaba las grandes hojas y quedaba como pensativo, absorto en sus reflexiones.

LUIS GOYTISOLO: *Las afueras*

[1] Cortes: Cámara legislativa, durante el franquismo.

[2] Plan Cerdá: plan urbanístico del barrio del Ensanche de Barcelona, realizado por Ildefonso Cerdá en el siglo XIX.

1. ¿Qué opinaba don Augusto de los políticos occidentales?

....

2. ¿Qué era lo que más le interesaba de la información política nacional?

....

3. ¿Qué decía que era el fútbol? ¿Crees que le gustaba?

....

4. ¿Por qué dejaba para el final la información económica?

....

b) ¿A qué secciones del periódico se hace referencia en el texto?

....

4 Utiliza los verbos del recuadro en pasado para reproducir lo que dijeron varias personas.

| • pedir | • decir | • aconsejar | • sugerir | • rogar | • recomendar |

1. MARISA: "Trata de ser puntual, Rafael."

Marisa le dijo a Rafael que tratara de ser puntual.

2. CARLOS: "Marta, ponte a mi lado."

....

3. DOCTOR: " No trabaje tanto y duerma más, señora López."

....

4. ÁLVARO: "Por favor, no me llames más, Sofía."

....

5. VERÓNICA: "¿Y por qué no te vas una semana de vacaciones, cariño?"

....

6. LUCÍA: "No te olvides de comprar sellos, Enrique."

....

7. JUAN: "Mira, Olga, deja de darle vueltas al tema y vete a la cama; es lo mejor."

....

8. ROSA: "Abre la ventana, Javi, que hace mucho calor."

....

5 Lee un periódico de España o de América Latina que no sea de hoy y reproduce lo más importante que decía en algunas de sus secciones.

El periódico .... del día .... decía (en la sección de cultura) que ....

....

....

....

....

....

....

....

....

6 Escribe un texto sobre el papel de los medios de comunicación en la sociedad actual. Haz referencia, entre otras cosas, a lo siguiente:

- Aspectos positivos y aspectos negativos de los medios de comunicación.

- Poder de los medios de comunicación.

Entonación

 7 **a) Lee estas frases y relaciona cada una con la situación correspondiente.**

1. ¿Qué? ¿Qué va a hacer?	A. Una persona repite lo que ha preguntado antes, porque su interlocutor no ha entendido.
2. Que qué va a hacer.	B. Una persona pide que le repitan algo que no ha entendido.
3. ¿Que qué va a hacer?	C. Una persona ha entendido una pregunta, pero la repite para darse tiempo antes de responder.

b) Ahora escucha al profesor decir estas frases. Presta especial atención a la entonación y practícalas.

1 A. Que dónde han quedado.
   B. ¿Que dónde han quedado?
   C. ¿Qué? ¿Dónde han quedado?

3 A. ¿Qué? ¿Cuándo volverá a llamar?
   B. Que cuándo volverá a llamar.
   C. ¿Que cuándo volverá a llamar?

2 A. ¿Que cómo se ha enterado?
   B. ¿Qué? ¿Cómo se ha enterado?
   C. Que cómo se ha enterado.

4 A. Que si va a ir al cine.
   B. ¿Qué? ¿Si va a ir al cine?
   C. ¿Que si va a ir al cine?

c) Trabaja con un compañero. Elegid una de esas frases e incluidla en un diálogo entre dos personas. Luego, escribidlo en vuestro cuaderno.

d) Representad el diálogo ante vuestros compañeros para que digan qué frase habéis elegido.

---

8 **AUTOEVALUACIÓN**

1. Escribe frases con los contenidos léxicos y gramaticales más difíciles de esta lección.

....
....
....
....
....

2. ¿En qué crees que debes mejorar? ¿Qué vas a hacer para conseguirlo?

....
....

3. ¿Estás aplicando estrategias de aprendizaje que has descubierto a lo largo del curso? ¿Qué resultados te están dando? ¿Hay alguna que crees que deberías aplicar más?

....
....

LOS PUEBLOS INDÍGENAS Y LOS MEDIOS DE COMUNICACIÓN

9 **a)** Piensa en las respuestas a estas preguntas.

- ¿Crees que la radio, la televisión y la prensa dan mucha información sobre los pueblos indígenas?

- ¿Y crees que hay mucha en las redes informáticas?

b) Lee este texto y comprueba.

PROGRAMA NACIONAL PARA EL DESARROLLO DE LOS PUEBLOS INDÍGENAS 2001-2006

A pesar de la abundancia de información que el tema indígena ha producido en los últimos años en los medios de comunicación convencionales y, de modo novedoso, en las redes informáticas, el tema está ausente en los medios audiovisuales públicos y privados. Frente a ello, existe una demanda indígena definida alrededor de dos ejes: el derecho a la información y el acceso efectivo a los medios de comunicación. La construcción y consolidación de nuevos vínculos entre el Estado, los pueblos indígenas y la sociedad nacional podrán lograrse si se modifica y se hacen innovaciones en esta materia. [...]

En las dos últimas décadas se han llevado a cabo experiencias de comunicación por parte de los propios pueblos indígenas. Más de 200 organizaciones productivas, de derechos humanos y culturales recurren al vídeo y participan activamente en proyectos independientes u oficiales, como es el caso del Programa de Transferencia de Medios Audiovisuales a Comunidades y Organizaciones Indígenas del INI, y las producciones o apoyos que brinda la Dirección de Televisión Educativa de la SEP o el Instituto Latinoamericano de la Comunicación Educativa (ILCE). [...]

Los medios masivos de comunicación pueden ser herramientas privilegiadas para combatir la exclusión, así como para afianzar los valores de la diversidad, dado que son los que tienen mayor penetración en amplios sectores de la población. Es necesario promover, a través de ellos, el reconocimiento de la diversidad e identidad de los pueblos indígenas.

www.ini.gob.mx

Latina

c) Escribe verbos que tengan la misma raíz que estas palabras.

Abundancia → *abundar*   Exclusión →

Acceso →   Identidad →

Vínculos →   Transferencia →

10 Escribe, con tus propias palabras, las ideas del texto que te parezcan más interesantes.

○

○

11 ¿Has leído, escuchado o visto alguna vez una noticia sobre indígenas? En caso afirmativo, escríbela.

Evaluación y repaso 2

1 Completa estas frases.

1 ¡Qué pena que no .... (poder, nosotros) vernos ayer! Con .... ganas que tenía de estar contigo.

2 • ¿Qué te preguntó?
  ○ Que dónde .... (ir, yo) a alojarme aquellos días.

3 • ¿Sabes cuánto falta .... que venga el autobús?
  ○ Poco, unos diez minutos.

4 • Me preocupa que estemos a finales de mes y todavía no me .... (dar, ellos) una respuesta.
  ○ ¡Bah! Tranquila, mujer. Ya .... (ver, tú) como te la dan un día de estos.

5 .... no me invitaron, no fui a la fiesta.

6 • ¡Qué extraño que no nos .... (decir, ella) nada! ¿Se habrá enfadado con nosotros?
  ○ ¡Bah! A lo mejor no nos ha visto.

7 • ¿Y qué te aconsejaron en tu casa?
  ○ Que .... (tratar, yo) de buscar otro trabajo.

8 Ya sabes que esto lo hago .... mi cuenta y porque me gusta.

9 Toma esto para que se lo .... (dar, tú) a tu madre.

10 Pues, mira, Pilar y Jesús .... conocieron en agosto y se casaron a .... dos meses, en octubre.

11 Estábamos seguras de que no le gustaría oír eso; .... , no le dijimos nada.

12 • Si quieres, te cambio mi periódico .... el tuyo.
   ○ Vale, ya lo he leído.

13 ¡Qué rabia que .... (estar) lloviendo! Con .... que me apetecía bañarme hoy.

14 • ¡Qué alfombra .... bonita!
   ○ Sí, es preciosa y, además, está hecha .... mano.

15 Siento que no .... (poder, nosotros) quedarnos más rato, pero es que entramos a trabajar dentro de media hora.

2 Consulta las soluciones para corregirte o pídele al profesor que lo haga. Luego, analiza los errores cometidos.

3 Repasa los contenidos gramaticales que consideres conveniente repasar.

16 Y entonces me dijo que era increíble, que en su vida le .... (pasar) una cosa así.

17 • ¿Cómo no vendría Raúl ayer? ¿Le pasaría algo?
   ○ No sé... .... (estar, él) cansado y puede que se acostara pronto.

18 No es que no .... (querer, yo) hacerlo, sino que no puedo.

19 Está claro que .... (ser) un problema que nos afecta .... todos.

20 • ¿Y tú qué me aconsejas?
   ○ Que .... lo digas a Estrella lo antes posible.

21 .... lo hemos intentado varias veces, no hemos conseguido solucionar el problema.

22 • ¿Dónde dices que .... editan estos libros?
   ○ En La Habana.

23 Hace un mes nos dijo que nos lo .... (enviar, él) la semana siguiente por fax y todavía no hemos recibido nada.

24 Y en este campo profesional, como en otros muchos, todavía hay muchas cosas .... descubrir

25 • ¿Cuándo vas a .... (regalar eso a ella)?
   ○ Hoy mismo.

26 • ¿Cuánto cuesta ese piso?
   ○ Ciento setenta mil euros.
   • ¡Uf! Pues me parece carísimo .... lo pequeño que es.

27 Ya sabes que me da igual .... (ir, yo) al parque o a la plaza, me encantan los dos sitios.

28 • ¿Vas a ir al cine?
   ○ ¿Qué?
   • Que .... vas a ir al cine.

29 • ¿Y tú crees que merece la pena que se lo pida?
   ○ Hombre, ... intentarlo no pierdes nada.

30 • Nos pidió que se lo .... (entregar, nosotros) antes de las dos porque por la tarde no iba a estar en la oficina.

4 Sustituye las frases del test en las que hayas cometido errores por otras correctas.

5 Si lo deseas, puedes escribir otras frases con los contenidos que te parezcan más difíciles y dárselas al profesor, junto con las del ejercicio 4, para que las corrija.

9

Vocabulario

 1 a) Busca el intruso.

1.	introvertida	vaga	tímida	reservada
2.	orgulloso	arrogante	vanidoso	subjetivo
3.	fiel	pesimista	negativo	derrotista
4.	extrovertida	ordenada	abierta	sociable
5.	equilibrada	sensata	superficial	juiciosa
6.	coherente	consecuente	congruente	obediente
7.	honesto	honrado	valiente	justo

b) Ahora escribe los intrusos y un adjetivo que signifique lo contrario.

1. vaga – *trabajadora*

2. .... – ....   4. .... – ....   6. .... – ....

3. .... – ....   5. .... – ....   7. .... – ....

2 a) Escribe los contrarios de estos adjetivos en la columna correspondiente.

• constante • puntual • real • discreta • legal
• previsible • racional • expresivo • perceptible
• adaptada • localizable • competente • respetuosa • popular
• lógico • recuperable • estable • reflexivo

IN-	IM-	IL-	IRR-

b) Señala cuáles de esos adjetivos no se utilizan para describir el carácter de una persona.

3 a) Escribe el sustantivo correspondiente a cada uno de los adjetivos propuestos en el ejercicio 2a). Puedes agruparlos teniendo en cuenta la terminación.

> *constancia*

b) ¿Qué género tienen esos sustantivos?

....

c) Consulta el diccionario para comprobar si los has escrito correctamente.

4 a) Completa el siguiente cuadro.

DE MANERA...		
... ingenua	ingenuamente	con ingenuidad
... discreta		
...	honradamente	
...		con ironía
... superficial		
...	exageradamente	
...		con espontaneidad
... sencilla		
...	imprudentemente	
...		con hipocresía
... tímida		

b) Subraya la sílaba más fuerte de cada uno de los adverbios de la columna central. No te olvides de acentuar cuatro de ellos.

c) Comprueba los resultados con el profesor.

d) Repítelos las veces que desees.

5 a) A estas frases les falta una preposición. Complétalas.

1. ¿Quién confías muchísimo?

....

2. ¿Qué tipo de gente desconfías?

....

3. ¿Qué compañero de clase tienes más confianza?

....

4. ¿Te pareces alguien de tu familia? ¿En qué?

....

5. Una persona que te ha decepcionado. La tenías un buen amigo, pero te ha fallado.

....

6. ¿Te has hartado alguna vez alguien o lo que ha hecho alguien? ¿Por qué?

....

7. ¿Hay algo que te gustaría hacer pero que no te atreves hacerlo?

....

8. Escribe el nombre de alguien quien te llevas muy bien. ¿Qué es lo que más te gusta de esa persona?

....

9. Una persona la que crees que le caes muy bien. ¿Qué cualidad tuya piensas que valora más positivamente?

....

b) Ahora escribe tus respuestas a las preguntas del apartado anterior.

1. ....

2. ....

3. ....

4. ....

5. ....

6. ....

7. ....

8. ....

9. ....

6 **a) Localiza los errores que hay en algunas de estas frases y corrígelos.**

1. De un buen amigo espero, sobre todo, que lo es siempre.

....

2. Me gusta la gente que se conforma de lo que tiene, no la que nunca tiene bastante.

....

3. Lo que más me molesta de una persona es que sea envidiosa.

....

4. No soporto que la gente habla mal de los demás a sus espaldas.

....

5. Detesto a la gente que no piense en los demás.

....

6. Me encanta que la gente con la que me relaciono es un poco idealista.

....

7. No aguanto a la gente que hace planes y luego no los lleva a cabo.

....

8. Me fastidia que mis amigos no se acuerdan de mí cuando tengo problemas.

....

b) ¿Compartes las opiniones de las frases del apartado anterior? Escríbelo, dando tu propia información.

1. *Pues yo espero, sobre todo, que* ....

2. ....

3. ....

4. ....

5. ....

6. ....

7. ....

8. ....

7 **a) Completa este chiste con las siguientes palabras.**

(personas)   (peor)   (preferiría)   (caer)   (caen)

No es nada agradable
.... bien a ....
que no te .... bien.
Realmente, yo .... caerles
un poco ....

b) ¿Te gusta ese chiste? ¿Te identificas con él? Justifícalo.

....
....
....

c) ¿Te atreves a crear tú el texto de otro chiste sobre relaciones personales? En caso afirmativo, escríbelo.

8 Describe tu carácter. Menciona, entre otras cosas, los siguientes aspectos:

- Rasgos principales de tu carácter.
- Tus cualidades más positivas.

- Tus defectos.
- Tus manías.

....
....
....
....
....

9 AUTOEVALUACIÓN

1. Escribe frases con las palabras o estructuras más difíciles aprendidas en esta lección.

....
....
....
....
....
....
....
....

2. Piensa en palabras aprendidas a lo largo del curso que te resulten difíciles de escribir y pronunciar. Escríbelas y añade alguna palabra derivada. Luego, pronúncialas.

....
....
....
....
....

3. ¿Qué te puede ayudar a recordar y escribir mejor esas palabras? Decide qué vas a hacer para conseguirlo y trata de ponerlo en práctica.

....
....
....
....

LOS DOMINGOS DE LOS ESPAÑOLES

 10 a) Escribe algunas cosas que creas que hacen los españoles los domingos por la mañana.

b) Lee y comprueba.

El paseo y el aperitivo, actividades de los españoles el domingo

El 51 % lee el periódico, frente al 32 % que lo hace a diario. Un 19 % practica deporte.

Los españoles empleamos las mañanas de domingo en dar un paseo (el 60 %) y en tomar un aperitivo (46 %). [...] Aparte, la jornada de descanso sirve para visitar a amigos y familiares. El 51 % de los encuestados afirma leer la prensa en domingo, mientras que solo un 32 % lo hace a diario. Son las principales conclusiones de un estudio titulado *Hábitos de ocio en las mañanas de domingo*. [...].

Después de los paseos y los aperitivos, las principales actividades de las mañanas dominicales son, en orden descendente, ir a visitar a amigos o familiares (34 %), ver la televisión (29 %), asistir a misa u otro tipo de oficio religioso (20 %), practicar deporte (19 %), ir de excursión (19 %) y dormir (15 %).

Al final de la lista encontramos que solo un 12 % de los españoles aprovecha la jornada dominical para acudir a eventos culturales, la misma cifra que a espectáculos deportivos. [...]

Un 29 % de los encuestados se levanta entre las 8 y las 9 de la mañana (el 29 % lo hace después de las 10) y desayuna en casa. Los españoles son sorprendentemente madrugadores en domingo: la hora media para despertarse es las 9.23 de la mañana.

El País, 30 de junio de 2002 (adaptado)

Latina

11 **Lee de nuevo el texto y busca derivados de:**

1. encuesta →
2. día →
3. descender →

4. domingo →
5. madrugar →

12 Y tú, ¿haces algunas de esas cosas los domingos? ¿Y algunas otras? Escríbelo en el recuadro.

Vocabulario

1 a) Añade las vocales necesarias para formar adjetivos.

1. _b s_ s_v_
2. fr_str_nt_
3. h_st_r_c_

4. _n q_ _ _ t_nt_
5. d_pr_m_nt_
6. _ng_s t_ _s_

7. _st_m_l_nt_
8. _ns_ _s_
9. _str_s_nt_

b) Escribe un sustantivo que tenga la misma raíz que cada uno de esos adjetivos.

1. *la obsesión*
2. ....
3. ....

4. ....
5. ....
6. ....

7. ....
8. ....
9. ....

c) Ahora escribe un verbo o una expresión relacionada con cada uno de esos adjetivos y sustantivos.

1. *obsesionar*
2. ....
3. ....

4. ....
5. ....
6. ....

7. ....
8. ....
9. ....

2 Utiliza el verbo *estar* y las palabras del recuadro para formar expresiones. Deberás añadir preposiciones u otras palabras que sean necesarias.

• broma	• bromas	• gusto	• juerga	• tensión
• polvo	• moda	• cabra		• humo
• narices	• favor	• forma	• pie	• corriente

1. *estar de broma*
2. ....
3. ....
4. ....
5. ....
6. ....
7. ....
8. ....
9. ....
10. ....
11. ....
12. ....
13. ....
14. ....

3 a) A cada una de estas frases le falta una forma del verbo *ser* o del verbo *estar*. Complétalas poniendo el verbo correspondiente en el tiempo adecuado.

1. La verdad es que esa prenda me muy bien.

   La verdad es que esa prenda me está muy bien.

2. Yo opino que preocupante que todavía ocurran cosas así.

   ....

3. Es cierto que yo muy interesada en eso.

   ....

4. Es una película que bastante bien.

   ....

5. Realmente, me da igual, me indiferente.

   ....

6. Después de aquello, deprimido varios días.

   ....

7. Muchas veces piensa lo mismo que yo, de mi misma opinión.

   ....

8. ¿Recuerdas cuándo la última vez que estuviste enferma?

   ....

9. Por lo general, cuando escucho ese programa, muy atento.

   ....

10. A mi modo de ver, ese chico bastante parado.

   ....

b) Escribe, con tu propia información, a qué o a quién se pueden referir las frase del apartado anterior.

1. *Mi chaqueta negra.*　　　　　　6. ....

2. ....　　7. ....

3. ....　　8. ....

4. ....　　9. ....

5. ....　　10. ....

4 a) Subraya las seis formas verbales incorrectas que encuentres en estas frases y escribe encima las formas correctas.

1 • A mí me hace mucha gracia la forma
   tiene
   que <u>tenga</u> de contar los chistes.
   ○ A mí también, pero es que tiene mucho
   sentido del humor.

2 Me pone enferma que siempre tengamos
   que esperarlo.

3 • Me da miedo que lleguemos tarde y nos quedamos sin entrada.
   ○ ¡Bah! Tranquilo, ya verás como llegamos a tiempo.

4 • ¿A ti no te preocupa que todavía no nos ha dado una respuesta?
   ○ Pues claro que me preocupa.

5 • Sabes que me pone nerviosísimo que hablas de esa forma.
   ○ ¡Ay! Perdona, se me había olvidado.

6 ¡Qué ilusión me hace lo que estés diciendo!

7 • Me da pánico pasar por allí. ¿No podríamos ir por otro sitio?
   ○ Si es que no hay otro camino.

8 • Es una vergüenza que todavía no han hecho nada.
   ○ Y eso que dijeron que empezarían inmediatamente.

9 A mí me interesa mucho lo que me dice mi profesor. Según él, …

b) Utiliza las estructuras en las que había errores para escribir frases correctas.

....
....
....
....
....
....
....

5 Relaciona los elementos de las dos columnas de la manera que te parezca más lógica.

1. Aunque sé que no debería comer ciertos alimentos, …
2. Aunque actualmente haya muchas cosas mejorables, …
3. A mí me encanta el invierno…
4. Aunque me gustaría residir en una casa de campo, …
5. Muchas noches me acuesto tarde…
6. Aunque detesto viajar en avión, …
7. Prefiero vivir en ciudades grandes…
8. Aunque a veces no me apetezca hacer ciertas cosas, …

A . …creo que vivimos mejor que antes.
B. … a pesar de que no me gusta mucho trasnochar.
C. … los tomo habitualmente porque me gustan mucho.
D. … vivo en un piso en la ciudad.
E. … no tengo más remedio que hacerlas.
F. … a pesar de los inconvenientes que tienen.
G. … a pesar del frío.
H. … reconozco que es el medio de transporte más rápido que existe.

1 -….; 2 -….; 3 -….; 4 -….; 5 -….; 6 -….; 7 -…., 8 - …. .

6 a) Usa las pautas y las estructuras del recuadro para escribir lo que le podrías decir a un amigo tuyo que va a empezar a estudiar español.

Cuanto/-a/-os/-as	más / menos…,	más / menos / mejor / peor…

1. Leer/aprender vocabulario.
   Cuanto más leas, más vocabulario aprenderás.

2. Practicar/aprender.
   ....

3. Estar con nativos/hablar.
   ....

4. Hablar/fluidez.
   ....

5. Entender/hablar.
   ....

6. Repasar/olvidar.
   ....

b) Escribe frases siguiendo el modelo.

1. Aprender vocabulario.
   Cuanto más vocabulario aprendas, mejor hablarás.

2. Utilizar tu lengua.
   ....

3. Aprender gramática.
   ....

4. Pronunciar bien.
   ....

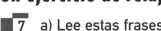
Un ejercicio de relajación

7 a) Lee estas frases incompletas y resuelve los problemas de vocabulario que tengas.

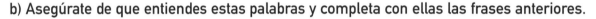

1. Tumbarse en el suelo de una habitación silenciosa y con luz ....
2. .... los ojos y respirar pausadamente.
3. Empezar a respirar lenta y profundamente.
4. Pensar en una imagen neutra, relajante y agradable: un paisaje verde, el cielo, un mar tranquilo...
5. Respirar pausadamente haciendo que el aire .... hasta el fondo de los ....
6. Relajar primero los .... de la cabeza y el cuello; después, continuar con el tronco y finalizar en los pies. Todo el peso de la cabeza descansará sobre la ....
7. Distender la musculatura de la cara y los párpados. Después se debe hacer lo mismo con la frente, las cejas, las .... , los labios y la lengua.
8. Procurar no contraer los hombros, los brazos, las manos, el tórax y el abdomen.
9. Volver al punto 5.

b) Asegúrate de que entiendes estas palabras y completa con ellas las frases anteriores.

• pulmones	• mejillas	• penetre	• tenue
• músculos	• entornar	• almohada	

c) Haz ese ejercicio de relajación en tu casa cuando lo creas conveniente. También puedes darles las instrucciones, en imperativo, a otros compañeros para que las sigan.

8 Escribe un texto sobre el estrés en la vida moderna. Puedes mencionar, entre otras cosas, lo siguiente:

• Situación actual: ¿lo padece mucha gente?; ¿quiénes lo padecen?

• Causas y consecuencias del estrés.

• ¿Lo padeces tú? En caso afirmativo, ¿haces algo para evitarlo?

Pronunciación: la sílaba más fuerte

 9 a) Haz una lista de palabras aprendidas en este curso que sean parecidas a otras existentes en tu lengua o en otra lengua que conozcas.

b) Pronúncialas. ¿Cuál es la sílaba más fuerte de cada una de ellas? ¿Coincide con la de las palabras que ya conocías? ¿Hay otras diferencias relacionadas con la pronunciación?

c) Si quieres practicar las que te parezcan más difíciles de pronunciar, puedes grabarte diciendo frases con ellas y corregirte después.

10 AUTOEVALUACIÓN

1. Escribe frases con el vocabulario o las estructuras más difíciles aprendidas en esta lección.

2. ¿Tienes alguna dificultad para utilizar los verbos *ser* y *estar*? ¿En qué casos? Escribe frases con los usos que te resulten más difíciles.

3. ¿Qué actividad de esta lección te ha resultado más útil? ¿Por qué?

LA COMIDA MEXICANA

 a) Estas palabras van a aparecer en un texto sobre la comida mexicana. Averigua el significado de las que no conozcas.

- comida *tex-mex*
- picante
- especias
- chile
- taco
- tortilla
- frijoles
- cecina
- res
- antojito

b) Ahora lee este texto.

LA COCINA EN MÉXICO

La cocina mexicana es una de las más ricas y creativas del mundo. Mezcla en lo esencial de elementos españoles e indígenas, en épocas más recientes ha recibido influencias europeas y asiáticas. En un gran número de restaurantes se sirven platos de todos los rincones del país. El visitante notará que la cocina mexicana genuina difiere notablemente de la *tex-mex*, tan difundida por el mundo; para empezar, no siempre es igual de picante y especiada, y quienes la prefieran aún más suave pueden pedir platos sin chile. [...]

Arepas

Latina

Los restaurantes más habituales son las populares taquerías, establecimientos pequeños que sirven tacos en unas cuantas mesas en torno a la cocina, donde se puede ver cómo se preparan las tortillas. [...]

Frijoles

La dieta norteña consiste en frijoles, cecina, chiles y tortillas de harina de trigo. En el sur se come menos carne de res, pero mucho cerdo y pollo, y los platos se acompañan con tortillas y salsas especiadas. Dondequiera que uno coma en México le pondrán salsas en la mesa para realzar el sabor de los platos. [...]

Los antojitos, aperitivos mexicanos, vienen a ser el equivalente a las tapas españolas. Se toman por todo México –en casas, restaurantes, mercados y calles– a cualquier hora del día o de la noche.

Huevos rancheros

México, El País Aguilar

---

12 Escribe las respuestas a estas preguntas.

1. ¿Has probado algunos alimentos o platos mexicanos? ¿Cuáles te gustan más? En caso negativo, ¿cuáles crees que te gustarían más?

....
....
....

2. ¿Tienes algunos hábitos de alimentación que pueden ser relacionados con la cocina mexicana? ¿Cuáles son?

....
....

Vocabulario: sopa de letras

1 Busca las palabras correspondientes a las definiciones dadas. Se trata de tres verbos, tres adjetivos y cuatro sustantivos.

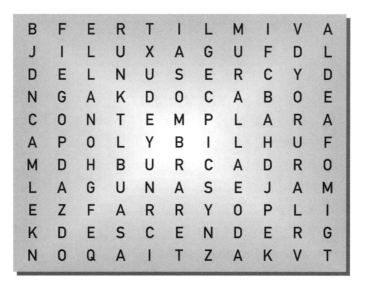

B	F	E	R	T	I	L	M	I	V	A
J	I	L	U	X	A	G	U	F	D	L
D	E	L	N	U	S	E	R	C	Y	D
N	G	A	K	D	O	C	A	B	O	E
C	O	N	T	E	M	P	L	A	R	A
A	P	O	L	Y	B	I	L	H	U	F
M	D	H	B	U	R	C	A	D	R	O
L	A	G	U	N	A	S	E	J	A	M
E	Z	F	A	R	R	Y	O	P	L	I
K	D	E	S	C	E	N	D	E	R	G
N	O	Q	A	I	T	Z	A	K	V	T

Horizontales:
- Un terreno que da muchos frutos es un terreno muy ....
- Parte de la costa que penetra en el mar.
- Mirar algo con atención o con placer.
- Lago pequeño.
- Lo contrario de *ascender*.

Verticales:
- Un terreno que no tiene diferencias de altura es un terreno muy ....
- Causar gran admiración o sorpresa.
- Construcción que rodea un lugar y que sirve de defensa.
- Del campo o relacionado con él.
- Alicia nació en una .... muy pequeña que tiene unos cien habitantes.

2 ¿Qué condiciones prefieres que tenga un lugar para vivir en él? ¿Y la gente de ese lugar? Haz una lista de requisitos.

Que tenga mucha vegetación.

¿Conoces bien España?

3 Completa el texto con estas palabras.

culturales   llana   húmeda   variado

volcanes   seca   océano

Descripción geográfica general

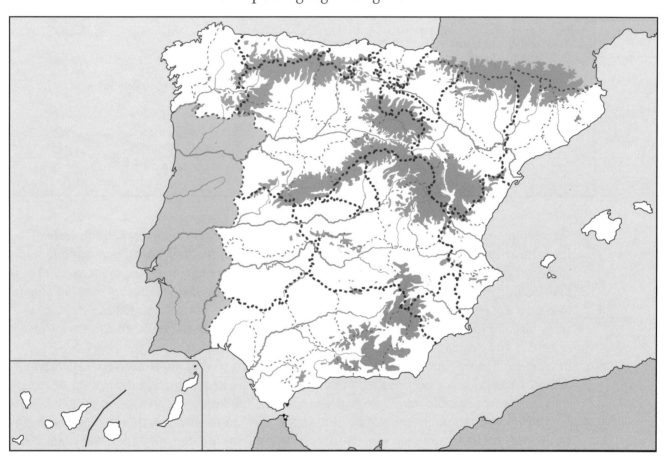

España es un país múltiple y .... De hecho, no es extraño encontrar referencias a las diversas "Españas", tantas y tales son las especificidades climáticas, naturales y .... de sus regiones. A grandes rasgos, se puede distinguir entre:

· la España del norte, ... y verde;

· la España interior, poco poblada e infinitamente ....;

· la España mediterránea, fértil y luminosa;

· la España del sur, Andalucía, tal vez más famosa, cálida y ...., resplandeciente como la cal que ilumina sus casas;

· las dos "Españas" insulares, hermanas, pero muy distintas: las islas Baleares, que han sabido conservar toda la vieja sabiduría del *Mare Nostrum*, y las islas Canarias, una fantasmagórica cordillera de .... de inmediata belleza colgados sobre el .... Atlántico.

El viajero mentiroso

4 a) ¿Qué informaciones geográficas e históricas falsas ha incluido el autor de este relato de un viaje? Para averiguarlo, puedes utilizar los medios que consideres oportunos: Internet, libros, preguntar a alguien, etc.

"Al acabar nuestra visita a Madrid nos fuimos a Andalucía en un coche alquilado. Durante el viaje pude contemplar las inacabables llanuras de La Mancha, que me impresionaron, y una preciosa puesta de sol. En Granada descubrí uno de los monumentos más bonitos que he visto en mi vida, la Alhambra, construida por lo árabes y que me transportó a otra época. Pasé allí toda una tarde y, cuando salí, tenía la seguridad de que no sería aquella la última vez que la visitaba. Al día siguiente me bañé en la playa —está a unos dos kilómetros de la Alhambra— y estuve tomando el sol.

De camino hacia Córdoba dormimos en una aldea muy cercana al desierto de Atacama, desierto que pudimos admirar a la mañana siguiente desde la casa destinada al turismo rural en la que nos alojamos. De Córdoba, ciudad muy alegre, conservo el recuerdo de su mezquita, joya monumental que es una huella más de la estancia de los incas en España. En Sevilla, la población más importante de Andalucía, lo pasé muy bien. Me gustó mucho la ciudad y, sobre todo, el ambiente. Solía pasear por sus calles estrechas y sentarme a charlar con la gente en las pequeñas plazas. El último día subimos a una de las cumbres de los Andes, montañas que rodean Sevilla y en las que todavía había nieve a pesar de que ya estábamos en mayo".

b) Explica por qué son falsas esas informaciones.

5 a) Ahora escribe tú el relato de un viaje, real o imaginario, preferiblemente a algún lugar de España o América Latina, e incluye en él algunas informaciones falsas.

....

....

....

....

....

....

b) Dale tu texto a un compañero para ver si es capaz de descubrirlas.

6 a) Escribe frases expresando deseos poco probables o imposibles sobre diferentes aspectos de tu vida (estudios, trabajo, casa, relaciones personales, etc.).

¡Quién estuviera de vacaciones ahora!

Me gustaría que la lengua española...

¡Ojalá...!

b) ¿Se han hecho realidad algunos deseos que antes te parecían poco probables o incluso imposibles? Explícalo.

A mí antes me parecía imposible..., pero (ahora)... ....

....

....

7 **a) Completa estas frases con las formas verbales que consideres adecuadas.**

1. ¡Es increíble que no .... (haber) nadie esperándonos! Si …
2. Oiga, perdone, pero es que en el folleto .... (poner) que se puede alquilar bicicletas y…
3. Mire, yo creo que ha habido un error, porque en la agencia nos aseguraron que el guía .... (hablar) español y resulta que…
4. No, no puede ser que nos .... (dar, ellos) una habitación individual. Si…
5. Pero ¿cómo es posible que todavía no .... (arreglar, ellos) el teléfono? Si ayer…
6. Oiga, mire, es que yo .... (pagar) media pensión y…
7. ¿Verdad que nos dijeron que el hotel .... (estar) cerca de la playa? Pues resulta que…
8. Es una falta de seriedad que .... (cancelar, ellos) las excursiones sin consultárnoslo. Deberían…

b) ¿Cómo crees que continúa cada una de esas protestas y reclamaciones? Escríbelo.

1. *Si en la agencia nos dijeron que nos recogería una persona en el aeropuerto y nos llevaría al hotel.*

2. ....

3. ....

4. ....

5. ....

6. ....

7. ....

8. ....

8 **a) Escribe un motivo por el que podrías hacer una reclamación en cada uno de estos lugares.**

1. Un centro de enseñanza.
2. Un hotel.
3. Una agencia de viajes.
4. Una empresa de transporte de viajeros.

1. ....

2. ....

3. ....

4. ....

b) Elige uno de esos motivos y escribe una carta de reclamación. Piensa cómo vas a distribuir el contenido en párrafos y cómo vas a introducir las diferentes informaciones (puedes consultar la actividad 16 del libro del alumno).

Entonación

9 Practica las frases de protesta y reclamación del ejercicio 7. Antes de decirlas, piensa en qué situación utilizarías cada una y qué tono emplearías. Si quieres, puedes grabarte para corregirte tú mismo, o pedirle ayuda al profesor.

10 AUTOEVALUACIÓN

1. Escribe frases con el vocabulario o las estructuras más difíciles que hayas aprendido en esta lección.

2. Piensa en palabras, expresiones o estructuras que confundes con otras. Piensa también en las causas y en lo que te puede ayudar a evitarlo. Luego, escribe frases con ellas.

3. ¿En qué crees que debes mejorar? ¿Qué vas a hacer para conseguirlo?

EL TURISMO EN PANAMÁ

11 a) Lee estas informaciones relacionadas con Panamá y señala en la columna "antes de leer" si te parecen verdaderas o falsas.

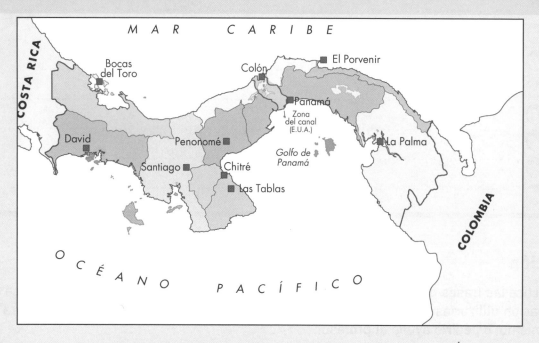

| Antes de leer | | | Después de leer | |
V	F		V	F
		1. Es un país que tiene muchas playas naturales a las que va muy poca gente.		
		2. En Panamá hay más de 1 500 islas.		
		3. La capital es una ciudad antigua, que no ha experimentado el crecimiento típico de las grandes ciudades.		
		4. Esa ciudad está situada en la costa atlántica.		

Casco antiguo de Panamá

Latina

b) Ahora lee el siguiente texto y marca la columna "después de leer". ¿Hay algo que te sorprenda?

PANAMÁ
abierta en canal

Panamá es un país divertido, cordial, antiguo y moderno a la vez, rico en folclore, exuberante y fascinante. Para empezar, cuenta con una capital cosmopolita y abierta, acogedora y dispuesta; una ciudad de contrastes con amplia y variada oferta hotelera.

Cuenta con cuatro lugares declarados Patrimonio de la Humanidad por la UNESCO. Dos de ellos son parques naturales, Amistad y Darién, y otros dos, escenarios culturales: el casco antiguo de Panamá y la vieja villa portuaria de Portobelo.

[...] Dispone de infinidad de playas paradisíacas [...], algunas prácticamente vírgenes, pero con suficiente estructura hotelera y de empresas que ofrecen alternativas de aventura y deporte, como para disfrutarlas a tope cómodamente y sin masificaciones.

Cuenta también con 1 580 islas repartidas por las costas del Pacífico y del Caribe, con la posibilidad casi única en un país continental de bañarse por la mañana en un océano, bucear por la tarde en el otro, y, en el camino entre ambos, subirse a alguna de sus cumbres montañosas para contemplar ambos mares a la vez. [...]

Con una superficie un poco más pequeña que la de Portugal, Panamá se extiende en una delgada y sinuosa franja de este a oeste entre Costa Rica y Colombia. Los escasos 80 kilómetros de anchura en su parte más estrecha son los que han terminado por convertir a Panamá en un punto de encuentro de viajeros y comerciantes de todo el mundo, especialmente tras la construcción del canal. [...]

Situada en una zona cálida tropical al borde del océano Pacífico, el aspecto de la capital panameña es el de una ciudad moderna, cuyos poderosos rascacielos denotan una fuerte expansión debida a un crecimiento rápido.

JAIME GONZÁLEZ DE CASTEJÓN: "Panamá abierta en canal", *Viajar*, septiembre de 2002

12 Escribe las respuestas a estas preguntas.

1. ¿Qué efectos positivos puede tener el turismo en un país?
....
....

2. ¿Y qué efectos negativos?
....
....

Vocabulario: la columna

 1 Escribe la palabra correspondiente a cada definición, y luego lee el nombre y el apellido de la columna. Se trata de un militar y político nacido en Venezuela, héroe de la independencia americana.

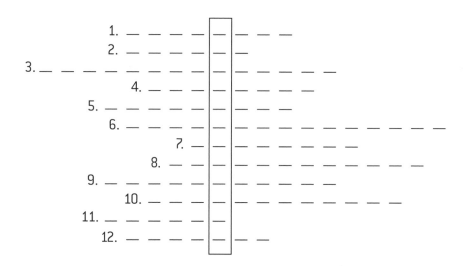

1. Sustantivo derivado de *invadir*.
2. Tercera persona singular del pretérito indefinido del verbo *abolir*.
3. Sustantivo derivado de *enfrentar*.
4. Intentar ponerse de acuerdo sobre un asunto para solucionarlo.
5. Una persona que comete un .... es un asesino.
6. Sustantivo derivado de *establecer*.
7. Persona que participa en un golpe de Estado o que lo apoya.
8. Sustantivo derivado de *colonizar*.
9. Tomar un territorio enemigo por las armas.
10. Sustantivo derivado de *convocar*.
11. Lucha armada entre naciones o entre grupos contrarios.
12. Poner en libertad o dejar libre.

2 a) Ahora elabora tú un ejercicio como el anterior. Sigue estos pasos:

A Escribe verticalmente la palabra de la columna.

B Escribe horizontalmente las palabras necesarias para descubrir la palabra de la columna.

C Redacta las definiciones o las explicaciones de las palabras que has anotado en el apartado B.

D Revisa lo que has redactado y pásalo a limpio.

b) Entrégale lo que has hecho al profesor para que lo supervise.

c) Pásale el ejercicio sin las respuestas a un compañero. Él deberá escribirlas para descubrir cuál es la palabra de la columna.

3 a) Relaciona elementos de las dos columnas.

1 Si de niño hubiera intentado aprender a tocar algún instrumento musical, …

2 Si no me hubiera especializado profesionalmente, …

3 Si no hubiese vivido las experiencias que he vivido, …

4 Si no hubiera estudiado español, …

5 Si de pequeño hubiese leído menos, …

A … no habría descubierto ciertos aspectos culturales de España y América Latina.

B … no habría conseguido el trabajo que tengo.

C …habría aprendido a tocarlo con poco esfuerzo.

D … no pensaría como pienso.

E … habría desarrollado menos la imaginación.

1 - ......; 2 - ......; 3 - ......; 4 - ......; 5 - ....

b) ¿Con cuáles de esas frases te identificas?

....

c) Escribe otras frases en las que expreses condiciones irreales sobre tu pasado y las consecuencias que habrían tenido en el pasado y que tal vez tendrían ahora.

....
....
....
....
....
....
....
....

4 **Transforma las frases siguiendo el modelo.**

1. Tuvo un desengaño amoroso y sufrió muchísimo.

   Si no hubiera tenido un desengaño amoroso, no habría sufrido tanto.

2. Me vio y se alegró muchísimo.

   ....

3. No te lo dije porque se me olvidó.

   ....

4. Se acostó muy tarde y, claro, al día siguiente no oyó el despertador.

   ....

5. Te hice ese comentario porque pensaba que ya te habías enterado de la noticia.

   ....

6. Se enfadó porque no le habían informado de los cambios.

   ....

7. Me fui porque estaba harta de escuchar sus mentiras.

   ....

8. Como no nos confirmaste tu asistencia, no contábamos contigo.

   ....

5 Con el paso del tiempo descubrimos o aprendemos algunas cosas que nos serán muy útiles en lo sucesivo. Seguro que estás en condiciones de afirmar que si hubieras sabido ciertas cosas, no habrías hecho otras. Escríbelo y justifícalo.

Si hubiera sabido que ...., *no habría* ....

....

....

....

....

....

....

....

6 A todas estas frases y minidiálogos les falta una palabra. Escríbela donde corresponda.

1. Realmente, esta película es malísima. No que haber venido a verla.

2. ¡Qué vergüenza pasé anoche en la fiesta! Si lo, no voy.

3. • ¿Y para qué quiero yo ahora esto?; no haberlo comprado.
   ○ Ya te lo dije, pero como no me haces caso…

4. No sé para qué se lo conté: al final se ha enterado todo el mundo. No debería haberle nada.

5. • ¡Uf! ¡Qué frío hace! Si lo a saber, no vengo.
   ○ ¡Bah! No te quejes, que no es para tanto, no hace tanto frío.
   • Eso lo dices tú, pero yo estoy congelado.

6. Estos pantalones me están estrechos. Me los que haber comprado un poco más anchos.

7 Escribe lo que pienses que habría pasado o lo que pasaría en España si…

1. … no hubiera existido Cervantes.

2. … no hubiera tenido lugar la guerra civil española.

3. … no hubiese existido el arquitecto Antonio Gaudí.

....
....
....
....
....
....
....
....
....

8 a) Haz una lista de hechos importantes en la historia de tu país.

b) Expresa lo que crees que no habría ocurrido en el pasado o no ocurriría ahora si esos hechos no se hubieran producido.

c) Ahora escribe hechos que te gustaría que ocurrieran en tu país y por qué.

Pronunciación y entonación

9 ¿Sigues teniendo dificultades para pronunciar y entonar algunas palabras y frases en español? ¿Con cuáles? ¿Qué vas a hacer para superarlas? Escríbelas e intenta practicarlas.

10 AUTOEVALUACIÓN

1. Escribe frases con el vocabulario o las estructuras más difíciles aprendidas en esta lección.

....

....

....

....

....

....

2. ¿Qué es lo que te ha resultado más difícil de todo el curso? Asegúrate de que lo puedes utilizar correctamente y escribe frases que lo demuestren.

....

....

....

....

....

....

....

....

....

....

....

3. ¿Qué vas a hacer para no olvidar lo que has aprendido en este curso? Escríbelo.

....

....

....

....

LA LEYENDA DE EL DORADO

11 Escribe las respuestas a estas preguntas.

1. ¿Qué es una leyenda?

....

2. ¿Con qué metal precioso asocias el color dorado?

....

12 a) Asegúrate de que entiendes este texto.

LA BÚSQUEDA DE EL DORADO

La leyenda latinoamericana más duradera fue la de El Dorado, el hombre de oro. Esta historia se originó, probablemente, a partir de un ritual religioso muisca. Los indios muisca formaban parte de la tribu chibcha, que vivía en las montañas de Colombia, cerca de un lago que era casi redondo [el lago Guatavita]. Todos los años, los indios celebraban una ceremonia para dar gracias al dios dorado que ellos creían que vivía en el fondo del lago. Durante el transcurso de la ceremonia, su jefe era ungido con un aceite pegajoso y luego rociado con polvo de oro hasta parecer una brillante estatua viviente. Entonces se dirigía hacia el agua, a la cabeza de una procesión, se metía en una balsa y remaba hasta el centro del lago. Una vez allí, se sumergía en el agua, desprendiéndose el oro de su cuerpo. En la orilla, su pueblo arrojaba al lago esmeraldas y objetos de oro, a modo de ofrendas para su dios.

Otra leyenda hablaba de un reino que se hallaba en el bosque tropical, en el que tanto las personas como las cosas, salvo los alimentos, estaban cubiertas de una fina capa de oro que se desprendía todos los días. Esta historia pasó a formar parte de la leyenda de El Dorado, que se extendió por toda Europa. Hubo mucha gente avariciosa que buscó este lugar, y que fue sembrando la destrucción a su paso.

ANA MARÍA MACHADO: *Exploradores y aventureros en América Latina*

b) Responde a estas preguntas.

1. ¿En qué país latinoamericano está el lugar donde se originó la leyenda de El Dorado?

....

....

2. ¿Por qué realizaban los indígenas el ritual del lago Guatavita?

....

....

3. ¿En qué consistía la parte más importante del ritual?

....

....

4. ¿Desde qué continentes crees que se organizaron viajes para buscar El Dorado?

....

....

13 ¿Conoces tú alguna leyenda que te llame la atención por alguna razón? ¿En qué consiste? Escríbelo.

1 Completa estas frases.

1. • Solo te pido que .... (tener, tú) paciencia, porque estoy seguro de que todo
   .... va a solucionar.
   ○ A ver si es verdad.

2. • No sé por qué, pero ahora me .... (dar) mucha vergüenza hablar de eso.
   ○ Hombre, es normal; después de todo lo que ha pasado…

3. • ¿Y si en lugar de cenar en casa .... (ir, nosotros) a un restaurante? Es que tengo unas
   ganas de salir…
   ○ ¡Ah! Pues no es mala idea.

4. Lo que más me gusta de Rosa es que siempre está dispuesta .... ayudar a los demás.

5. Cada vez aguanto menos a las personas que no .... (parar) de cotillear.

6. Es evidente que .... más cafés tomes, más nervioso estarás.

7. Pero ¿cómo es posible que no nos .... (decir, ellas) nada ayer? O sea, que lo sabían y no
   nos dijeron nada.

8. .... guapísimo con ese peinado. ¡Qué bien te sienta!

9. Si .... (tomar, nosotros) un taxi, habríamos llegado a tiempo.

10. • ¿Me dejas este libro para leerlo?
    ○ Sí, pero .... la condición .... que me lo devuelvas pronto.

11. • ¿Sabes con quién estuve ayer? Con Elvira.
    ○ ¿Con Elvira? Si yo creía que .... (estar, ella) en El Salvador.
    • Sí, pero es que ha venido de vacaciones.

12. A mí me fastidia mucho que la gente se .... (comprometer) a hacer cosas y luego no
    las .... (hacer).

13. • Mercedes dice que .... muy interesada en hablar con usted, que quiere hacerle unas
    preguntas.
    ○ Pues dígale que pase.

14. Si no se hubiera inventado el coche, actualmente se .... (viajar) menos.

15. A mí me gusta hacer las cosas poco .... poco, a mi ritmo, sin precipitarme.

2 Consulta las soluciones para corregirte tú mismo o pídele al profesor que lo haga. Luego, analiza los errores cometidos.

3 Repasa los contenidos gramaticales que consideres conveniente repasar.

16 • ¿Te molesta que .... (subir, yo) un poco el volumen? Es que casi no oigo.
   ○ No, qué va. Súbelo, súbelo.

17 • ¿Qué le pasa hoy a Javier? ¿Por qué está .... tan mal humor?
   ○ Pues no lo sé, pero me ha dicho que no está .... bromas.

18 Me hace mucha gracia que se .... (poner, ella) tan seria para contar un chiste.

19 Dice que ya .... lista, que podemos empezar cuando queramos.

20 Yo, por lo general, confío .... quienes hablan poco y desconfío .... quienes hablan mucho.

21 • A mí me pone muy nervioso la gente que siempre .... (estar) quejándose.
   ○ A mí también. No la soporto.

22 Les agradecería que se .... (poner, ustedes) en contacto conmigo para darme una explicación.

23 La verdad es que no me interesa nada lo que haga Rubén; me .... completamente indiferente.

24 • A ti no te emociona que te .... (decir, ellos) esas cosas?
   ○ Pues claro, cómo no.

25 ¡Qué película más mala! Si lo sé, no .... (venir, yo).

26 Realmente, no me extraña que .... (estar, él) cada día más delgado: trabaja muchísimo y no se alimenta bien.

27 • Mira, Lucía, este asunto no tiene nada .... ver con lo de Guillermo.
   ○ Yo no estoy tan segura…

28 Ya sabes que me hace mucha ilusión que .... (venir, tú) mañana. Tengo muchas ganas de verte.

29 • Por cierto, ¿cuándo se .... acaban las vacaciones a Paloma?
   ○ .... principios de septiembre.

30 ¡Uf, cómo me duelen las piernas! No debería .... (correr, yo) tantos kilómetros en bicicleta ayer.

4 Sustituye las frases del test en las que hayas cometido errores por otras correctas.

5 Si lo deseas, puedes escribir otras frases con los contenidos que te parezcan más difíciles y dárselas al profesor, junto con las del ejercicio 4, para que las corrija.

l e c c i ó n   1

1. a)

S ^{11}	U	S	P	E	N	S	O	S
E	A	T	U	R	A ^{7}	T	E	N
T	N	S	I	O	N	A	R ^{4}	T
N	G	E	I	Z	A	N	E	A ^{8}
A	I	S	L	T ^{1}	R	T	N	M
L	S	B	I	■	A	E ^{2}	D	I
U	A ^{6}	O ^{3}	U	Q	N	X	I	S
M	S	V	I	S	E	C	R ^{5}	T
I	N	E	P	M	O	C	E	A
T	S	E ^{10}	A	R	T	S	I	D ^{9}

3. a)

1 Disfrutes.

2 Saque, sacaré/saco.

3 Estar.

4 Ocupe, sea.

5 Ve.

6 Llegó, se fue.

7 Sea, será.

8 Se enfade.

9 Esperaría.

10 Preguntas.

11 Quieras.

12 Cenen.

13 Digas.

14 Estaba, se fue.

15 Era, veraneaba.

2. a)

PRESENTE DE INDICATIVO	PRESENTE DE SUBJUNTIVO	IMPERATIVO (AFIRMATIVO)
intervienes	intervengas	intervén
consiguen	consigan	consigan
hacemos	hagamos	hagamos
aprovecha	aproveche	aproveche
dices	digas	di
averiguáis	averigüéis	averiguad
van	vayan	vayan
mantiene	mantenga	mantenga
deducís	deduzcáis	deducid
recomendamos	recomendemos	recomendemos
atraes	atraigas	atrae
aprueban	aprueben	aprueben
rendís	rindáis	rendid
intuyes	intuyas	intuye

DESCUBRE ESPAÑA Y AMÉRICA LATINA

10.

1 Falso. La ONCE fue creada en 1938.

2 Falso. También ofrece servicios a otros colectivos de discapacitados.

3 Falso. Los servicios que ofrece son gratuitos.

4 Verdadero.

5 Verdadero.

6 Falso. El cupón de la ONCE lo venden más de 23 000 invidentes y tiene más de 60 000 afiliados.

lección 2

1. a)

	INTRUSO	¿POR QUÉ?
1.	Natalidad	No sirve para expresar una relación de parentesco.
2.	Adoptado	No utilizamos esta palabra para referirnos a una parte de la casa.
3.	Cualquiera	No es un electrodoméstico.
4.	Creciente	No es un sustantivo.

2. a)

3 Supongo que el mes que viene **hablaré** mucho español fuera de clase.

5 Estoy segura de que este año **aprobaré** todos los exámenes de español a los que me presente.

6 No es fácil que el próximo fin de semana **estudie** mucho.

7 Puede que este mes **vea** alguna película española.

9 A lo mejor **hablo** español mucho mejor cuando termine este curso.

4. b) Posibles respuestas:

1 Porque se creía que allí no había agua.

2 El descubrimiento de agua en la Luna.

3 Científicos y turistas. Los primeros deben de ir a investigar; los segundos seguro que van a hacer turismo.

4 No, prácticamente nada.

DESCUBRE ESPAÑA Y AMÉRICA LATINA

8. 1 Más de dos siglos (o 231 años).

2 El dios Sol, llamado Toniatuh por los aztecas.

3 Los terremotos.

4 Seis.

5 Cinco. Esos días no trabajaban.

lección 3

1. a)

1 Erradicar.
2 Pobreza.
3 Desnutrición.
4 Corrupción.
5 Invertir.
6 Crecimiento.
7 Discriminación.
8 Desempleo.
9 Equitativo.
10 Delincuencia.
11 Racismo.
12 Recursos naturales.

2.

A.	63 %	sesenta y tres por ciento
B.	100 %	cien por cien
C.	1/5	un quinto
D.	3/4	tres cuartos
E.	8,1	ocho coma uno
F.	14,3	catorce coma tres
G.	15 514	quince mil quinientos catorce
H.	253 061	doscientos cincuenta y tres mil sesenta y uno
I.	1 706 428	un millón setecientos seis mil cuatrocientos veintiocho

4.

1 A mi modo de ver...
2 ¡Ya lo creo!
3 Desde luego que no.
4 Me da la impresión de que...
5 En absoluto.
6 Yo no lo veo así.
7 ¡Y que lo digas!
8 Para mí...
9 Estoy convencido de que...
10 De ninguna manera.
11 Según se mire.
12 En mi opinión...
13 Sin duda.
14 Desde mi punto de vista...

6. a)

1 – B
2 – D
3 – A
4 – G
5 – E
6 – C
7 – I
8 – F
9 – H

3. b) Posibles respuestas:

A 23: El 23 % de la población mundial vivía en la pobreza extrema en 1999.

B 130: Al ritmo citado en el informe, erradicar el hambre en el mundo llevará más de 130 años.

C 56: En el año 2000 morían 56 de cada mil niños menores de cinco años.

D 30 000: Cuando se elaboró el informe, morían más de 30 000 niños al día a causa de enfermedades que se podían evitar.

E 22: Hasta finales de 2000, habían muerto de sida aproximadamente 22 millones de personas.

F 854: Cuando se elaboró el informe, había 854 millones de adultos analfabetos en todo el mundo.

lección 4

1. a)

```
Z  U  B  J  C  O  M  V  A  G  O  P
O  T  Y  P  A  K  Z  I  U  L  B  H
H  A  L  T  R  U  I  S  T  A  S  Ñ
R  C  X  O  D  R  L  G  U  Q  E  B
B  A  M  U  E  J  Ñ  E  K  Z  R  U
Q  Ñ  E  C  R  Y  B  N  O  P  V  S
G  O  S  I  V  E  H  E  N  J  A  G
E  M  E  J  O  R  A  R  S  U  T  A
L  H  B  G  U  Z  V  O  M  C  O  I
X  I  D  E  A  L  I  S  T  A  R  T
U  J  N  K  S  O  J  O  H  Ñ  I  L
Ñ  A  C  G  T  V  Z  U  P  Y  O  C
```

b)

1 Quisiese.
2 Durmiese.
3 Mejorásemos.
4 Supiesen.
5 Creyeseis.
6 Fueses.
7 Perdiese.
8 Diesen.
9 Empezaseis.
10 Dijese.
11 Repitiesen.
12 Cambiases.
13 Oyese.
14 Tuviésemos.
15 Pusiese.

DESCUBRE ESPAÑA Y AMÉRICA LATINA

10. Predijo – pronosticó.
Dijo – aseguró.
Mentiras – macanas.
Añadió – agregó.
Niños – criaturas.
Escrito – anotado.

2. a)

	PRETÉRITO IMPERFECTO DE SUBJUNTIVO	CONDICIONAL SIMPLE
1. querer (usted)	quisiera	querría
2. dormir (yo)	durmiera	dormiría
3. mejorar (nosotras)	mejoráramos	mejoraríamos
4. saber (ellas)	supieran	sabrían
5. creer (vosotros)	creyerais	creeríais
6. ir (tú)	fueras	irías
7. perder (él)	perdiera	perdería
8. dar (ustedes)	dieran	darían
9. empezar (vosotras)	empezarais	empezaríais
10. decir (yo)	dijera	diría
11. repetir (ellos)	repitieran	repetirían
12. cambiar (tú)	cambiaras	cambiarías
13. oír (ella)	oyera	oiría
14. tener (nosotros)	tuviéramos	tendríamos
15. poner (usted)	pusiera	pondría

11. Posibles respuestas:

A Se lo dijo su hija, que lo había oído en la radio.
B No.
C Parece que sí. Dijo que, por si acaso, el sábado se daría una comilona. También afirmó que si lo supiera con seguridad, dejaría anotado en un papelito que era el fin del mundo, para que vieran que él lo sabía.
D No, le dijo que no debían creer una palabra.
E Para que no las oigan los niños.

Evaluación y repaso 1

1.

1 Tenga, salga.
2 Quede.
3 Del.
4 Tiene.
5 Pudiera/pudiese.
6 Intente.
7 Voy.
8 De.
9 Ocurran.
10 Sepa.
11 Esté.
12 Vayamos/iremos.
13 Los.
14 Dejemos.
15 Hacer.
16 Termine.
17 Se, se.
18 Perdería.
19 Vienen.
20 Ningún/Ø.
21 Harías, dirías.
22 Utilicemos.
23 Tomen.
24 Por, de.
25 Apareciera/apareciese

lección 5

1. a) Posibles palabras:

1. Reconciliarse.
2. Fracasar.
3. Ascender.
4. Enemistarse.
5. Suspender.
6. Oposiciones.
7. Desengaño (amoroso).
8. Fallecer.
9. Curarse.
10. Sancionar.
11. Beca.
12. Lesionarse.

b) Posible distribución:

Relaciones personales: reconciliarse, enemistarse, desengaño (amoroso).

Estudios o trabajo: fracasar, ascender, suspender, oposiciones, sancionar, beca.

Salud: fallecer, curarse, lesionarse.

c) Posibles antónimos:

Reconciliarse – enemistarse.
Fracasar – triunfar.
Suspender – aprobar.
Fallecer – nacer.
Curarse – ponerse enfermo.

2. a)

1. ¡Qué bien que te hayas trasladado a este barrio!
2. ¡Qué lástima que Ana no haya conseguido ese trabajo!
3. ¡Cuánto me alegro de que me hayas llamado!
4. Es una lástima que no fueras a la boda.
5. ¡Qué pena que tengas que irte tan pronto!
6. Me da igual lo que digan.

b) Posibles emparejamientos:

1. – B
2. – A
3. – D
4. – E
5. – C
6. – F

3. a)

● ¡Qué raro que **tarden** tanto en llegar! Con **lo** puntuales que son.

○ Pues sí, es un poco raro. Pero, en fin, esperemos que no tarden mucho más.

● Yo empiezo a estar un poco preocupado. No sé... ¿**les** habrá pasado algo?

○ No, hombre, no. Ya verás como llegan enseguida. A lo mejor **han** tenido problemas de tráfico o alguna complicación de última hora.

● Sí, pero es que no han llamado ni nada. Y eso es precisamente **lo que más** me preocupa.

○ Bueno, igual es que no han podido.

DESCUBRE ESPAÑA Y AMÉRICA LATINA

9.
1. **Tres** de cada cuatro jóvenes españoles viven en el domicilio de sus padres.
2. El porcentaje de los que quieren emanciparse está **aumentando**.
3. **Las ganas de formar su hogar** son el principal motivo por el que los jóvenes se van a vivir fuera de la casa paterna.
4. Aproximadamente, uno de cada **cuatro** jóvenes vive de lo que gana.
5. Según la encuesta, los hijos españoles se llevan **bien** con sus padres.

l e c c i ó n 6

1.
1. I N U N D A C I Ó N
2. D E F O R E S T A C I Ó N
3. R E S I D U O S
4. E N V E N E N A R
5. F L O R A
6. C O N T A M I N A N T E
7. R E C I C L A B L E
8. O Z O N O
9. M E D I O A M B I E N T A L
10. E S C A S O
11. T Ó X I C A
12. A E R O S O L
13. F A U N A

DESCUBRE ESPAÑA Y AMÉRICA LATINA

10. Posibles respuestas:

Inga: los indígenas de la etnia inga pidieron que se creara una reserva de 68 000 hectáreas.

Especies: en esa zona viven muchas especies de aves, insectos y plantas que aún no han sido clasificadas.

Biodiversidad: ese parque está en la región colombiana que tiene más biodiversidad.

Concertada: el parque tendrá una administración concertada con las autoridades indígenas.

Autonomía: para que los indígenas mantengan su autonomía (y su cultura) es necesario proteger el territorio y la medicina tradicional.

3. a)

	INTRUSO	¿POR QUÉ?
1.	conservación	No se escribe con -cc.
2.	agresión	No termina en -ción.
3.	transformación	No termina en -sión.
4.	reducción	No termina en -ción, sino en -cción.

b) Todas ellas llevan tilde porque son agudas y terminan en -n.

5. b) Leopoldo era un escritor minucioso, implacable consigo mismo. A partir de los diecisiete años había concedido todo su tiempo a las letras. Durante todo el día su pensamiento estaba fijo en la literatura. Su mente trabajaba con intensidad y nunca se dejó vencer por el sueño antes de las diez y media. Leopoldo adolecía, sin embargo, de un defecto: no le gustaba escribir.

6. a) Orden: D, A, C, F, B, E.

lección 7

1. a)
1 Exótico.
2 Innovador.
3 Sabroso.
4 Nutritivo.
5 Económico.
6 Apasionante.
7 Inolvidable.
8 Exquisito.
9 Atrevido.
10 Fiable.

b)
1 Persuadir.
2 Manipular.
3 Engañar.
4 Vulnerar.

2.
1 En el siglo XVIII se **crearon** los primeros periódicos de anuncios.
3 Las primeras agencias publicitarias **se** fundaron en el siglo XIX.
4 En el siglo XX **se** produjo un gran auge de la publicidad.
5 En muchos anuncios se **exageran** las cualidades de los productos anunciados.
6 La elección de un buen eslogan suele ser fundamental para **que** un campaña publicitaria tenga éxito.
7 El objetivo de un anuncio publicitario es seducir y persuadir al consumidor para que **compre** un producto.
8 Hay gente que no es que **esté** en contra de la publicidad, sino que cree que se abusa de ella.

3. No se desplace. No haga colas. No **se** moleste. Simplemente llame a nuestra Central de Reservas y reserve su billete por teléfono. ¿Ya está? Pues ahora viene **lo** mejor. Pídanos que se **lo** llevemos a casa. Solo tiene que darnos la dirección y decirnos cómo **lo** va a abonar: en efectivo o con tarjeta de crédito. Automáticamente el servicio de mensajería **se** pondrá en marcha y **se** lo entregará en mano. El Servicio de Billetes a domicilio llega ahora a cualquier punto de la provincia de Madrid en un radio de 50 km. Y todo por menos de **lo** que **le** costaría el desplazamiento para recogerlo.

4. a)
1 Enséñaselo.
2 No se lo cuente.
3 Pruébatela.
4 Díselo.
5 Imagínenselo.
6 Regálaselo.
7 No os la perdáis.
8 Consúlteselas.

b)
1 No se lo enseñes.
2 Cuénteselo.
3 No te la pruebes.
4 No se lo digas.
5 No se lo imaginen.
6 No se lo regales.
7 Perdéosla/perdérosla.
8 No se las consulte.

5. a)
1 – C
2 – F
3 – E
4 – A
5 – B
6 – D

b) Un periódico: *Una persona sin información es una persona sin opinión.*
Una colección de música: *Disfruta escuchando lo que realmente hay que oír.*
Un reloj: *Precisión artesanal para que no llegues nunca tarde.*
Una vivienda: *Deje de soñar con la casa de sus sueños y venga a conocerla.*
Una compañía aérea: *Con Aerolíneas Caribeñas el tiempo pasa volando.*
Un destino turístico en el Mediterráneo: *Una de cal y otra de arena.*

6.
1 Un buen anuncio suele tener un eslogan sencillo y atractivo **para** que el consumidor lo recuerde con facilidad.
2 Existen consumidores que pueden ser fácilmente manipulados **por** la publicidad.
3 Muchos publicistas opinan que la publicidad no es muy cara **para** los excelentes resultados de ventas que permite alcanzar.
4 Actualmente se envía mucha publicidad **por** correo.
5 **Para** muchos ciudadanos, la publicidad tiene aspectos positivos y, sobre todo, negativos.
6 Según muchos profesionales, todavía hay mucho **por** hacer en el terreno de la publicidad.
7 **Por** mí, pueden insertar todos los anuncios que quieran en los periódicos; es un asunto que no me preocupa: no los miro.
8 El año pasado **por** Navidades aumentó muchísimo la publicidad de productos para niños.
9 Hay mucha gente que está **por** la aprobación de una legislación que regule el mercado publicitario y el contenido de los anuncios.

l e c c i ó n   8

1. a)

R	I	E⁷	D	I	T	O	R
E	I	S	I	O	N	E	I
S⁶	M	I	O²	N	A	S⁴	A
O	S	C¹	D	E	V	U	L⁸
S	N	A	■	C	E	P	O
E	A	R	A	L	G	L	C
C	R	T	E³	R	A	E	A
U	S⁵	S	O	T	N	E	M	L

2. Posible cuadro:

	ESTILO DIRECTO	ESTILO INDIRECTO
1.	"Yo escucho mucho la radio."	Me dijo que él/ella escuchaba/escucha mucho la radio.
2.	"¿Te has enterado de lo de Ecuador?"	Me preguntó si me había enterado de lo de Ecuador.
3.	"Lo leí ayer en el periódico."	Me comentó que lo había leído el día anterior en el periódico.
4.	"Yo ya lo sabía."	Me dijo que él/ella ya lo sabía.
5.	"En mi vida he oído una noticia como esa."	Manifestó que en su vida había oído una noticia como esa.
6.	"¿Sabes a qué hora lo retransmitirán?"	Me preguntó si sabía a qué hora lo retransmitirían/retransmitirán.
7.	"Yo no sería capaz de hacerlo."	Me aseguró que él/ella no sería capaz de hacerlo.
8.	"Siéntate y escucha con atención."	Me pidió que me sentara y escuchara con atención.
9.	"Infórmate bien."	Me aconsejó que me informara bien.
10.	"Por favor, no me lo digas."	Me rogó que no se lo dijera.

3. a) Posibles respuestas:

A Que eran estúpidos y que no eran capaces de realizar bien las funciones de los cargos que desempeñaban.

B La información sobre las Cortes y el Consejo de Ministros.

C Decía que era una estupidez. En el fondo le gustaba algo, aunque no lo reconocía.

D Porque le interesaba la economía.

b) Internacional, nacional, sociedad, local, espectáculos, deportes y economía.

4. Posibles frases:

1 Marisa le dijo a Rafael que tratara de ser puntual.

2 Carlos le pidió a Marta que se pusiera a su lado.

3 El doctor le recomendó a la señora López que no trabajara tanto y que durmiera más.

4 Álvaro le rogó a Sofía que no lo llamara más.

5 Verónica le sugirió a su novio que se fuera una semana de vacaciones.

6 Lucía le dijo a Enrique que no se olvidara de comprar sellos.

7 Juan le aconsejó a Olga que dejara de darle vueltas al tema y que se fuera a la cama.

8 Rosa le pidió a Javi que abriera la ventana, porque hacía mucho calor.

7. a)

1 Una persona pide que le repitan algo que no ha entendido.

2 Una persona repite lo que ha preguntado antes, porque su interlocutor no ha entendido.

3 Una persona ha entendido una pegunta, pero la repite para darse tiempo antes de responder.

DESCUBRE ESPAÑA Y AMÉRICA LATINA

9. c) Posibles respuestas:

Abundancia → abundar.
Acceso → acceder.
Vínculos → vincular.
Exclusión → excluir.
Identidad → identificar.
Transferencia → transferir.

E v a l u a c i ó n   y   r e p a s o   2

1 Pudiéramos, las.
2 Iba.
3 Para.
4 Hayan dado, verás.
5 Como/puesto que/dado que.
6 Haya dicho/diga.
7 Tratara.
8 Por.
9 Des.
10 Se, los.
11 Por eso/por lo tanto/...
12 Por.
13 Esté, lo.
14 Tan/más, a.
15 Podamos.
16 Había pasado.
17 Estaría.
18 Quiera.
19 Es, a.
20 Se.
21 Aunque / a pesar de que.
22 Se/Ø.
23 Enviaría/enviaba.
24 Por.
25 Regalárselo.
26 Para.
27 Ir.
28 Si.
29 Por.
30 Entregáramos.

l e c c i ó n   9

1. a)
1 Vaga.
2 Subjetivo.
3 Fiel.
4 Ordenada.
5 Superficial.
6 Obediente.
7 Valiente.

b) Posibles respuestas:

1 Vaga ≠ trabajadora.
2 Subjetivo ≠ objetivo.
3 Fiel ≠ infiel.
4 Ordenada ≠ desordenada.
5 Superficial ≠ profundo.
6 Obediente ≠ desobediente.
7 Valiente ≠ cobarde.

2. a)

IN-	IM-	IL-	IRR-
inconstante	impuntual	ilegal	irreal
indiscreta	imprevisible	ilocalizable	irracional
inexpresivo	imperceptible	ilógico	irrespetuosa
inadaptada	impopular		irrecuperable
incompetente			irreflexivo
inestable			

3. a)

constancia	puntualidad	discreción	previsión
competencia	realidad	percepción	expresión
	legalidad	adaptación	
	popularidad	localización	
	estabilidad	recuperación	

razón	respeto	lógica	reflexión

b) *Respeto* tiene género masculino; todos los demás sustantivos son de género femenino.

4. a)

DE MANERA...		
... ingenua	ingenuamente	con ingenuidad
... discreta	discretamente	con discreción
... honrada	honradamente	con honradez
... irónica	irónicamente	con ironía
... superficial	superficialmente	con superficialidad
... exagerada	exageradamente	con exageración
... espontánea	espontáneamente	con espontaneidad
... sencilla	sencillamente	con sencillez
... imprudente	imprudentemente	con imprudencia
... hipócrita	hipócritamente	con hipocresía
... tímida	tímidamente	con timidez

5. a)
1 ¿**En** quién confías muchísimo?
2 ¿**De** qué tipo de gente desconfías?
3 ¿**Con** qué compañero de clase tienes más confianza?
4 ¿Te pareces **a** alguien de tu familia? ¿En qué?
5 Una persona que te ha decepcionado. La tenías **por** un buen amigo, pero te ha fallado.
6 ¿Te has hartado alguna vez **de** alguien o **de** lo que ha hecho alguien? ¿Por qué?
7 ¿Hay algo que te gustaría hacer pero que no te atreves **a** hacerlo?
8 Escribe el nombre de alguien **con** quien te llevas muy bien. ¿Qué es lo que más te gusta de esa persona?
9 Una persona **a** la que crees que le caes muy bien. ¿Qué cualidad tuya piensas que valora más positivamente?

6. a)
1 De un buen amigo espero, sobre todo, que lo **sea** siempre.
2 Me gusta la gente que se conforma **con** lo que tiene, no la que nunca tiene bastante.
4 No soporto que la gente **hable** mal de los demás a sus espaldas.
5 Detesto a la gente que no **piensa** en los demás.
6 Me encanta que la gente con la que me relaciono **sea** un poco idealista.
8 Me fastidia que mis amigos no se **acuerden** de mí cuando tengo problemas.

7. a) No es nada agradable caer bien a personas que no te caen bien. Realmente, yo preferiría caerles un poco peor.

DESCUBRE ESPAÑA Y AMÉRICA LATINA

11. Encuesta → encuestados.
Día → a diario.
Descender → descendente.
Domingo → dominical.
Madrugar → madrugadores.

lección 10

1. a)
1 Obsesivo.
2 Frustrante.
3 Histérico.
4 Inquietante.
5 Deprimente.
6 Angustioso.
7 Estimulante.
8 Ansioso.
9 Estresante.

b)
1 La obsesión.
2 La frustración.
3 La histeria / el histerismo.
4 La inquietud.
5 La depresión.
6 La angustia.
7 El estímulo / la estimulación.
8 La ansiedad.
9 El estrés.

c)
1 Obsesionar.
2 Frustrar.
3 Poner histérico.
4 Inquietar.
5 Deprimir.
6 Angustiar.
7 Estimular.
8 Producir ansiedad.
9 Estresar.

2.
1 Estar de broma.
2 No estar para bromas.
3 Estar a gusto.
4 Estar de juerga.
5 Estar en tensión.
6 Estar hecho/-a polvo.
7 Estar de moda.
8 Estar como una cabra.
9 Estar de buen/mal humor.
10 Estar hasta las narices (de algo).
11 Estar a favor (de algo).
12 Estar en forma.
13 Estar de pie.
14 Estar al corriente (de algo).

3. a)
1 La verdad es que esa prenda me **está** muy bien.
2 Yo opino que **es** preocupante que todavía ocurran cosas así.
3 Es cierto que yo **estoy** muy interesada en eso.
4 Es una película que **está** bastante bien.
5 Realmente, me da igual, me **es** indiferente.
6 Después de aquello, **estuve/estuviste/estuvo** deprimido varios días.
7 Muchas veces piensa lo mismo que yo, **es** de mi misma opinión.
8 ¿Recuerdas cuándo **fue** la última vez que estuviste enferma?
9 Por lo general, cuando escucho ese programa, **estoy** muy atento.
10 A mi modo de ver, ese chico **es** bastante parado.

4. a)
1 A mí me hace mucha gracia la forma que **tiene** de contar los chistes.
3 Me da miedo que lleguemos tarde y nos **quedemos** sin entrada.
4 ¿A ti no te preocupa que todavía no nos **haya dado** una respuesta?
5 Sabes que me pone nerviosísimo que **hables** de esa forma.
6 ¡Qué ilusión me hace lo que **estás** diciendo!
8 Es una vergüenza que todavía no **hayan hecho** nada.

5.
1 – C
2 – A
3 – G
4 – D
5 – B
6 – H
7 – F
8 – E

6. a) Posibles frases:
1 Cuanto más leas, más vocabulario aprenderás.
2 Cuanto más practiques, más aprenderás.
3 Cuanto más estés con nativos, más hablarás.
4 Cuanto más hables, más fluidez tendrás.
5 Cuanto más entiendas, más hablarás.
6 Cuanto más repases, menos olvidarás.

7. a)
1 Tenue.
2 Entornar.
3 Penetre, pulmones.
4 Músculos, almohada.
5 Mejillas.

1.

```
B  F  E  R  T  I  L  M  I  V  A
J  I  L  U  X  A  G  U  F  D  L
D  E  L  N  U  S  E  R  C  Y  D
N  G  A  K  D  O  C  A  B  O  E
C  O  N  T  E  M  P  L  A  R  A
A  P  O  L  Y  B  I  L  H  U  F
M  D  H  B  U  R  C  A  D  R  O
L  A  G  U  N  A  S  E  J  A  M
E  Z  F  A  R  R  Y  O  P  L  I
K  D  E  S  C  E  N  D  E  R  G
N  O  Q  A  I  T  Z  A  K  V  T
```

4. b)
- El mar y la playa están a casi cien kilómetros de Granada, no a unos dos kilómetros.
- El desierto de Atacama no está en España, sino en Chile.
- Los incas no estuvieron en España; los árabes, en cambio, sí (estuvieron casi ocho siglos).
- Los Andes se hallan en América, no en España.

11. b)
1. Verdadero.
2. Verdadero.
3. Falso. Es una ciudad moderna y cosmopolita, que ha experimentado un rápido crecimiento.
4. Falso. Está situada en la costa del océano Pacífico.

3. España es un país múltiple y **variado**. De hecho, no es extraño encontrar referencias a las diversas "Españas", tantas y tales son las especificidades climáticas, naturales y **culturales** de sus regiones. A grandes rasgos, se puede distinguir entre:
- la España del norte, **húmeda** y verde;
- la España interior, poco poblada e infinitamente **llana**;
- la España mediterránea, fértil y luminosa;
- la España del sur, Andalucía, tal vez la más famosa, cálida y **seca**, resplandeciente como la cal que ilumina sus casas;
- las dos "Españas" insulares, hermanas, pero muy distintas, las islas Baleares, que han sabido conservar toda la vieja sabiduría del *Mare Nostrum*, y las islas Canarias, una fantasmagórica cordillera de **volcanes** de inmediata belleza colgados sobre el **océano** Atlántico.

lección 12

1.
1. I N V A S I Ó N
2. A B O L I O
3. E N F R E N T A M I E N T O
4. N E G O C I A R
5. A S E S I N A T O
6. E S T A B L E C I M I E N T O
7. G O L P I S T A
8. C O L O N I Z A C I Ó N
9. C O N Q U I S T A R
10. C O N V O C A T O R I A
11. G U E R R A
12. L I B E R A R

3. a) Posibles emparejamientos:

1 – C
2 – B
3 – D
4 – A
5 – E

4.
1 Si no hubiera/hubiese tenido un desengaño amoroso, no habría sufrido tanto.
2 Si no me hubiera/hubiese visto, no se habría alegrado tanto.
3 Si no se me hubiera/hubiese olvidado, te lo habría dicho.
4 Si no se hubiera/hubiese acostado tan tarde, al día siguiente habría oído el despertador.
5 Si hubiera/hubiese sabido que todavía no te habías enterado de la noticia, no te habría hecho ese comentario.
6 Si le hubieran/hubiesen informado de los cambios, no se habría enfadado.
7 Si no hubiera/hubiese estado harta de escuchar sus mentiras, no me habría ido.
8 Si nos hubieras/hubieses confirmado tu asistencia, habríamos contado contigo.

6.
1 Realmente, esta película es malísima. No **tenía** que haber venido a verla.
2 ¡Qué vergüenza pasé anoche en la fiesta! Si lo **sé**, no voy.
3 • ¿Y para qué quiero yo ahora esto?; no **debería** haberlo comprado.
   ○ Ya te lo dije, pero como no me haces caso...

4 No sé para qué se lo conté: al final se ha enterado todo el mundo. No debería haberle **dicho** nada.
5 • ¡Uf! ¡Qué frío hace! Si lo **llego** a saber, no vengo.
   ○ ¡Bah! No te quejes, que no es para tanto, no hace tanto frío.
   • Eso lo dices tú, pero yo estoy congelado.
6 Estos pantalones me están estrechos. Me los **tenía** que haber comprado un poco más anchos.

DESCUBRE ESPAÑA Y AMÉRICA LATINA

12. b)
1 En Colombia.
2 Para dar gracias al dios dorado que creían que vivía en el fondo de ese lago.
3 El jefe iba al lago en procesión, luego remaba hasta el centro y allí se introducía en el agua, desprendiéndose el oro de su cuerpo.
4 Desde Europa y desde América.

Evaluación y repaso 3

1.
1 Tengas, se.	16 Suba.
2 Da.	17 De, para.
3 Vamos/fuéramos.	18 Ponga.
4 A.	19 Está.
5 Paran.	20 En, de.
6 Cuantos.	21 Está.
7 Dijeran.	22 Pusieran.
8 Estás.	23 Es.
9 Hubiéramos tomado.	24 Digan.
10 Con, de.	25 Vengo.
11 Estaba.	26 Esté.
12 Comprometa, haga.	27 Que.
13 Está.	28 Vengas.
14 Viajaría.	29 Le, a.
15 A.	30 Haber corrido.